Polyphonie und Improvisation

Cover vignette of Mohonk mountain silhouette courtesy of
the Publications Office, State University College, New
Paltz, New York.

Studies in Modern German Literature

Peter D.G. Brown
General Editor

Vol. 47

PETER LANG
New York • San Francisco • Bern
Frankfurt am Main • Berlin • Wien • Paris

Klaus-Jürgen Roehm

Polyphonie und Improvisation

Zur offenen Form in Günter Grass' *Die Rättin*

PETER LANG
New York • San Francisco • Bern
Frankfurt am Main • Berlin • Wien • Paris

Library of Congress Cataloging-in-Publication Data

Roehm, Klaus-Jürgen
  Polyphonie und Improvisation : zur offenen Form in Günter Grass' Die
Rättin / Klaus-Jürgen Roehm.
      p. cm. — (Studies in modern German literature ; vol. 47)
    1. Grass, Günter, 1927-   Rättin.   2. Grass, Günter, 1927-   —
Technique.   I. Title.   II. Series.
PT2613.R338R327   1992   833'.914—dc20   91-31480
ISBN 0-8204-1693-2 ⊂   CIP
ISSN 0888-3904   ℂ

ㅂ o o ЗㄱㄱЗ ᑫ o ᒫ

Die Deutsche Bibliothek-CIP-Einheitsaufnahme

Roehm, Klaus-Jürgen:
Polyphonie und Improvisation : zur offenen Form in Günter Grass' Die
Rättin / Klaus-Jürgen Roehm.—New York; Berlin; Bern; Frankfurt/M.;
Paris; Wien; Lang, 1992
    (Studies in modern German literature ; Vol. 47)
    ISBN 0-8204-1693-2
NE: GT

The paper in this book meets the guidelines for permanence and durability
of the Committee on Production Guidelines for
Book Longevity of the Council on Library Resources.

© Peter Lang Publishing, Inc., New York 1992

Printed in the United States of America.

Meinen Eltern

INHALTSVERZEICHNIS

EINLEITUNG

Günter Grass ist ein Autor mit ausgeprägtem Formbewußtsein. Seine Erzählwerke sind hochgradig konstruiert, gelegentlich überkonstruiert bis zum Manieristischen (etwa in der Form des Briefromans im zweiten Buch der *Hundejahre,* wo der weitumfassende epische Inhalt bereits nach wenigen Seiten den enggesteckten formalen Rahmen übersteigt, und der ganze Romanteil unter der Spannung von Inhalt und aufgesetzter äußerer Form steht).[1] Die Strukturen seiner Romane sind immer auffallend, sie beanspruchen Aufmerksamkeit, sie verweisen auf sich selbst; und sie tragen seine unverwechselbare Handschrift: eine Prosakomposition von Grass ist sofort erkennbar. Armin Arnold hat Grass in seiner eigenständigen Gestaltungsweise mit einem Jazzmusiker verglichen—unverwechselbar durch den persönlichen Stil.[2]

Die folgende Arbeit beschäftigt sich mit der Struktur der *Rättin.* Dieses Buch wurde bei seinem Erscheinen im März 1986 von einem großen Teil der Presse zurückhaltend bis ablehnend aufgenommen. Die meisten Kritiker, die es ablehnen, sehen das Werk als Wust unzusammenhängender Einzelelemente.[3] Es ist jedoch hochgradig durchgeformt, die Form ist organisch, es ist ein Ganzes. Gerade wenn man mit dem analytischen Seziermesser ankommt, Teile abtrennt und isoliert betrachtet, wird man dieser formalen Kohärenz gewahr. Alles ist mit allem verbunden. So stößt man bei der Untersuchung ganz verschiedener formaler Aspekte immer wieder auf dieselben Strukturprinzipien. Wie sich zeigen wird, bewegt man sich

ganz zwangsläufig in einem Kreise um den Kern struktureller Grund-
ideen, auf die man von jedem Punkt dieses Kreises aus trifft.

In der folgenden Untersuchung geht es nicht um Anwendung
eines streng definierten theoretischen Modells. Ausgangspunkt für die
Analyse liefern einfache Analogien zu musikalischen Gestaltungs-
techniken: die Begriffe Polyphonie und Improvisation. Die Struktur
des Buches zeichnet sich aus durch den gleichzeitigen Ablauf
mehrerer eigenständiger und voneinander unabhängiger Geschichten
oder, um den technischen Begriff hier einzuführen, unabhängiger
Erzählstränge—daher die Analogie zu einer polyphonen Komposition.[4]

Auffallend ist auch der Prozeßcharakter des Romans. Die Erzäh-
lung wird als Vorgang vorgeführt, als Auseinandersetzung dreier
Erzählfiguren, und hinter diesem Erzählvorgang wiederum steht die
Autorenfigur mit ständigen Verweisen auf den Schreibvorgang selbst.
Der Erzählvorgang als Schreibvorgang: die Auseinandersetzung des
Autoren-Ichs mit seinem Material (die Form, das Geformte, das
dargestellt wird als Formung, im Vorgang des Entstehens) hat vorläu-
figen, skizzenhaften Charakter, ist offen für spontane Einfälle, ist ein
Spiel—daher der Begriff Improvisation.

In ihrem Verlaufcharakter ist die Form unabgeschlossen; und
auch als Vermischung verschiedener Geschichten und Zeitebenen—aus enggefaßter realistischer Perspektive eine Ansammlung
von Widersprüchlichkeiten—erweist sich die Form als unfertig, offen.
Was den Roman zusammenhält ist die Form als Darstellung des
inneren Erlebens der Autorenfigur bei der Schreibarbeit. Aus dieser
Sicht bezieht die *Rättin* ihre innere Logik, daraus werden alle diver-
gierenden Einzelelemente erklärbar.

Die *Rättin* ist ein weiteres Glied im Grass'schen Gesamtwerk, das
sich durch bemerkenswerte Kontinuität auszeichnet[5]—nicht nur durch
eine Kontinuität von bestimmten Figuren, Motiven, Themen, und
durch die Wahl des Handlungsortes, sondern auch durch die Kon-
struktionsweise: seit der *Danziger Trilogie* teilen alle Erzählwerke
von Grass, trotz ihrer Verschiedenheit, bestimmte charakteristische
Merkmale im Aufbau. In *Örtlich betäubt*, in *Aus dem Tagebuch einer
Schnecke*, im *Butt*, in *Kopfgeburten oder Die Deutschen sterben aus*
findet man viele der formalen Eigenheiten, mit denen wir uns im

Folgenden in Bezug auf die *Rättin* beschäftigen werden. Es gibt eine Reihe von Forschungsbeiträgen, die auf die strukturellen Besonderheiten der obengenannten Werke eingehen und relevant sind für unsere Untersuchung, weil sie ähnliches feststellen.

Besonders zu erwähnen ist hier die Arbeit von Renate Gerstenberg, die, sich beziehend auf *Hundejahre, Örtlich betäubt*, und *Aus dem Tagebuch einer Schnecke*, eine ausgezeichnete Analyse der filmischen Techniken und der Behandlung der Zeit liefert.[6] Zum *Butt* gibt es eine Reihe hervorragender Beiträge: Helmut Koopmann,[7] Ruprecht Wimmer,[8] Manfred Jurgensen,[9] Manfred Durzak[10] betonen den Formvorgang, den Spielcharakter, das Konzept der Gleichzeitigkeit. Jochen Rohlfs beschreibt den Erzählvorgang in *Kopfgeburten* als Nachvollziehung der gedanklichen Vorgänge des Erzählers[11]; übrigens hat er bereits im Zusammenhang mit der *Blechtrommel* die Logik des assoziierenden Bewußtseins als Strukturprinzip erkannt.[12]

Zur *Rättin* selbst gibt es zum gegenwärtigen Zeitpunkt nur wenige Beiträge, erwähnenswert darunter Patrick O'Neill[13] und Heinrich Vormweg.[14] Das Echo der Presse beim Erscheinen des Buches im März 1986 war ebenso zahlreich wie widersprüchlich. Norbert Honsza hat die wichtigsten Rezensionen zusammengestellt und auszugsweise abgedruckt.[15] Einige der Kritiken waren ausgesprochen negativ, viele zurückhaltend, andere wiederum enthusiastisch. Heinz Ludwig Arnold, der selbst eine der differenziertesten Buchbesprechungen lieferte,[16] hat sich mit den widersprüchlichen Reaktionen auseinandergesetzt.[17]

Die einzige Monographie zur *Rättin* ist die Dissertation von Thomas-Werner Kniesche.[18] Knies ches Ansatz ist ein psychoanalytischer, und sein Hauptanliegen ist, den intertextuellen Rahmen der *Rättin* abzustecken. Es ist eine gründliche und informierte Studie. Interessanterweise gibt es wenige Berührungspunkte zwischen Knies ches Arbeit und der vorliegenden Untersuchung, das Werk von Grass erweist sich als reiches Forschungsobjekt.

Grass' Kompositionsmethode steht keinesfalls in einem traditionslosen Vakuum. Im Rahmen der vorliegenden Arbeit werden wir jedoch auf die literarischen Einflüsse nicht zu sprechen kommen. Hier deshalb einige bibliographische Hinweise. Grass selbst verweist auf Döblin.[19] Manfred Durzak ist dem Einfluß von Döblin und dem Futuristen Marinetti nachgegangen,[20] ebenso Peter Demetz.[21] Bernhard Böschenstein macht den Einfluß von Jean Paul und Döblin geltend.[22]

In Reden und Aufsätzen, Interviews und Gesprächen kommt Grass immer wieder auf diesselben politischen und literarischen Themen und Ideen zu sprechen, die dann auch ihren Niederschlag in der *Rättin* finden. Die Äußerungen von Grass seit den siebziger Jahren, und vor allem auch in unmittelbarer Nähe zur Entstehungszeit, die im Buch selbst mit dem "Orwelljahr" 1984 angegeben wird, bildeten einen erweiterten Bezugsrahmen für die vorliegende Arbeit. Sie werden in der Bibliographie am Schluß einzeln aufgelistet.

Kommen wir zur Verfahrensweise unserer Untersuchung. Unser Vorhaben ist, die Struktur der *Rättin* zu zerlegen, zu beschreiben und die innere Logik dieser Komposition nachzuvollziehen. Ausgangspunkt und Leitfaden dabei bilden die Strukturmerkmale Polyphonie und Improvisation. Die Arbeit ist in acht Kapitel aufgeteilt. Einzelne Kapitel sind thematisch verklammert und lassen sich vier größeren Teilen oder Kapitelgruppen zuordnen, die vier Stadien der Untersuchung darstellen.

Der erste Teil liefert die Darstellung der polyphonen Organisation der *Rättin*, und mit Polyphonie ist hier das Nebeneinander eigenständiger Handlungsstränge gemeint. Dieser Teil umfaßt die ersten zwei Kapitel und liefert die Beschreibung der Oberfläche des Romans. Kapitel 1 gibt einen Abriß der einzelnen Erzählstränge unter Berücksichtigung der wichtigsten Handlungsmomente und Themenkreise, und Kapitel 2 beschreibt das Netz motivischer Verknüpfungen, das die einzelnen Erzählstränge miteinander verwebt und zum Romanganzen verbindet.

Der zweite Teil untersucht den offenen Aspekt der Form, die Form nicht als endgültige, statische Ausgeformtheit, sondern als dynamische Formung, als Improvisation: die Form als Vorgang. Dieser offene Aspekt der Form wird aufgezeigt in Kapitel 3 in der Auseinandersetzung der Erzählerfiguren, in den verschiedenen dialogischen Konstellationen zwischen den Erzählern, in der Polyphonie in einer zweiten Bedeutung, nämlich als Pluralität der Erzählperspektiven, als Kontrapunktik der Erzählstimmen. Unter diesem Gesichtspunkt wird auch die assoziative, willkürliche Dimension offenbar, das spielerische, ironische Moment der Form, das Gegenstand von Kapitel 4 bildet.

Der dritte Teil widmet sich der Betrachtung weiterer formaler Aspekte, die ins Auge stechen: dem Filmischen und Traumhaften in Kapitel 5, der Behandlung der Zeit in Kapitel 6, und der Vermischung von Realem und Phantastischem in Kapitel 7. Die Untersuchung dieser Merkmale untermauert im Wesentlichen die Ergebnisse des zweiten Teils: das Prozeßhafte der Form, das Spielerische, Ironische und, was ebenfalls bereits im zweiten Teil zum Ausdruck kam, die psychologische Metaphorik der Form, die Form als Beschreibungsversuch der Befindlichkeit des auktorialen Bewußtseins, der Denk- und Assoziationsvorgänge, denen der Autor bei der Ausarbeitung des Buches ausgesetzt ist. Die Untersuchung der Behandlung der Zeit erbringt auch die Eigenart des Grass'schen Geschichtsbildes.

Abschließend dann im vierten Teil die Zusammenfassung der thematischen Momente, und die Betrachtung der Spannung zwischen Thematik und offener Form, zwischen der Kritik an den Verhältnissen, der ernsthaften didaktischen Absicht, und dem ironischen Spiel des Erzählvorgangs. Innerhalb dieser Spannung wird die Funktion der offenen Form dargestellt als Ausdruck der Autorenhaltung gegenüber dem thematischen Material. Soviel zum Programm der vorliegenden Arbeit.

Noch eine Anmerkung zu den Bezeichnungen. Die Titel der Erzählstränge werden in Anführungsstriche gesetzt. "Rättin" verweist somit auf den Erzählstrang, *Die Rättin* auf das Buch, und die Rättin ohne Markierung ist einfach die Romanfigur.

ANMERKUNGEN

1. vgl hierzu Manfred Durzak, *Der deutsche Roman der Gegenwart: Entwicklungsvoraussetzungen und Tendenzen* (Stuttgart, Berlin, Köln, Mainz: Kohlhammer, 1979) 279.

2. "La salade mixte du Chef: *Zu Aus dem Tagebuch einer Schnecke* und *Kopfgeburten oder Die Deutschen sterben aus*", *Zu Günter Grass: Geschichte auf dem poetischen Prüfstand*, Hrsg. Manfred Durzak (Stuttgart: Klett, 1985) 130.

3. Paul F. Reitze: "Übermächtig gelegentlich der Eindruck, man sei einer Suada aus Zettelkästen ausgeliefert". "Zwerg Oskar, die Grimms und ein Nagetier. Weltuntergang zwischen Buchdeckeln: Günter Grass' neuer Roman", *Rheinischer Merkur/Christ und Welt* 1.März 1986.
Marcel Reich-Ranicki: "Wo keine Ganzheit war, da kann auch nichts zerfallen". "Ein katastrophales Buch. Betriebsstille herrscht und Ultimo ist: Der Roman *Die Rättin* des Günter Grass", *Frankfurter Allgemeine Zeitung* 10.Mai 1986.
Werner Schulze-Reimpell: "...wie unkontrolliert und bedenkenlos er seinen Einfällen Raum gibt, hunderterlei Handlungsfetzen zusammenzwingt und doch auf der Stelle tritt". "Mit Rattenmenschen ist kein Staat zu machen. Der neue Roman von Günter Grass: Eher ein Zerfließen im Beiläufigen", *Schwäbische Zeitung* 21.März 1986.
Günter Zehm: "...es gelingt Grass an keiner Stelle, die disparaten Elemente auch nur einigermaßen befriedigend zu einem Gesamtkonzept zu verbinden, alles bleibt Krampf und Zeilenschinderei". "Einer träumt vom Großen Blitz. Zurück in die Kaschubei und hinab zu den Ratten—Das neue Buch von Günter Grass", *Die Welt* 1.März 1986.
Urs Allemann: "...die mangelhafte kompositorische und gedankliche Stringenz des Grass'schen Romans...." "Das Epos vom Ende oder Sozialdemokratisches Erzählen", *Basler Zeitung* 4. März 1986.

4. Der Begriff Polyphonie wird hier ganz anders verwendet als bei Michail Bachtin. Bei Bachtin bedeutet Polyphonie die Loslösung der Charaktere von der Dominanz der auktorialen Perspektive, eine Art psychologischer Objektivierung der Bewußtseinsperspektiven der Romanfiguren. Die Struktur der *Rättin* unterscheidet sich sehr vom Aufbau eines Romans von Dostoevskij. Es gibt keine eigenständigen, psychologisch durchgeformten Charaktere; selbst die Auseinandersetzung der drei Erzählerfiguren, wie sie im zweiten Teil beschrieben wird, ist nichts weiter als die Aufteilung der auktorialen Perspektive auf drei Figuren—ein formaler Trick, der nichts mit Charakterisierung, mit psychologischer Vertiefung der Romanfiguren zu tun hat. *Probleme der Poetik Dostoevskijs* (Frankfurt/M; Berlin; Wien: Ullstein, 1985).

5. vgl. Hanspeter Brode, " < Daß du nicht enden kannst, das macht dich groß > : Zur erzählerischen Kontinuität im Werk von Günter Grass", *Günter Grass: Auskunft für Leser*, Hrsg. Franz Josef Görtz (Darmstadt und Neuwied: Luchterhand, 1984) 75-94.

6. Renate Gerstenberg, *Zur Erzähltechnik von Günter Grass* (Heidelberg: Carl Winter Universitätsverlag, 1980).

7. "Between Stone Age and Present or The Simultaneity of the Nonsimultaneous: The Time Structure", *The Fisherman and His Wife: Günter Grass's* The Flounder *in Critical Perspective*, Hrsg. Siegfried Mews (New York: AMS Press, 1983) 75-89.

8. "I, Down Through the Ages: Reflections on the Poetics of Günter Grass", *The Fisherman and His Wife* 25-38.

9. "Das allzeitig fiktionale Ich. Günter Grass: *Der Butt*", *Erzählformen des fiktionalen Ich: Beiträge zum deutschen Gegenwartsroman* (Bern, München: Francke, 1980) 121-143.

10. Manfred Durzak, "Ein märchenhafter Roman: *Der Butt*", *Der deutsche Roman der Gegenwart: Entwicklungsvoraussetzungen und Tendenzen; Heinrich Böll, Günter Grass, Uwe Johnson, Christa Wolf, Herman Kant* (Stuttgart, Berlin, Köln, Mainz: Kohlhammer, 1979) 301-316.

11. Jochen Rohlfs, "Chaos or Order? Günter Grass's *Kopfge-burten*", *Critical Essays on Günter Grass*, Hrsg. Patrick O'Neill (Boston: Hall, 1987) 196-205.

12. Jochen Rohlfs, "Erzählen aus unzuverlässiger Sicht: Zur Erzählstruktur bei Günter Grass", *Text und Kritik*, Hrsg. Heinz Ludwig Arnold, 1/1a (1978) 51-59.

13. Patrick O'Neill, "Grass's Doomsday Book: *Die Rättin*", *Critical Essays on Günter Grass* 213-224.

14. Heinrich Vormweg, "Aus Geschichten, Bildern, Fragen ein Fries", *Günter Grass* (Reinbek bei Hamburg: Rowohlt, 1986) 112-120.

15. Norbert Honsza, "Sprachmacht und Bild-Imagination: Kritische Stimmen zur *Rättin*", *Günter Grass: Werk und Wirkung* (Wroclaw: Wydawnictwo Uniwersytetu Wroclawskiego, 1987) 105-136.

16. Heinz Ludwig Arnold, "Erzählen gegen den Untergang. Günter Grass: *Die Rättin*—Kritik der Kritik", *Deutsches Allgemeines Sonntagsblatt* 16. März 1986.

17. "Literaturkritik: Hinrichtungs- oder Erkenntnisinstrument. Günter Grass' *Rättin* und das Feuilleton", *L'80: Zeitschrift für Politik und Literatur* 39 (1986) 115-126.

18. Thomas-Werner Kniesche, "*Die Rättin*: Günter Grass und die Genealogie der Post-Apokalypse" (Dissertation University of California Santa Barbara, 1990)

19. "Über meinen Lehrer Döblin", *Aufsätze zur Literatur* (Darmstadt und Neuwied: Luchterhand, 1980) 67-91.

20. "Originalität und Manier: Zu den Voraussetzungen von Grass' Sprachform", *Der deutsche Roman der Gegenwart* 316-327.

21. "Günter Grass in Search of a Literary Theory", *The Fisherman and His Wife* 19-24.

22. "Günter Grass als Nachfolger Jean Pauls und Döblins", *Jahrbuch der Jean-Paul-Gesellschaft* 6 (München: Beck'sche Verlagsbuchhandlung, 1971) 86-101.

TEIL I: DIE POLYPHONE FORM

Das auffälligste Merkmal der Form ist die Zusammensetzung des Romans aus fünf eigenständigen Erzählsträngen. Diese Erzählstränge laufen in der *Rättin* gleichzeitig ab, was so organisiert ist, daß der Leser von Erzählabschnitt zu Erzählabschnitt in ständigem Wechsel zwischen den Erzählsträngen hin und hergeführt wird.

Als ersten Schritt wollen wir im folgenden Kapitel zunächst eine Zusammenfassung der einzelnen Erzählstränge geben, die Erzählstränge also isoliert betrachten, um einen Überblick über die wichtigsten Momente der Handlung und über das thematische Material zu gewinnen: die Inventur des Baumaterials als notwendige Grundlage der weiteren Untersuchung.

Im Kapitel 2 geht es um die Betrachtung der vertikalen Dimension; hier geben wir eine Übersicht über die technischen Mittel, mit denen die einzelnen Erzählstränge miteinander zum Romanganzen verbunden werden.

Der erste Teil der vorliegenden Arbeit behandelt also die Oberfläche des Romans und gibt eine Zusammenfassung des Erzählmaterials. Dieses Katalogisieren ist ein durchaus künstlicher Vorgang, bei dem die einzelnen Erzählstränge aus ihrem Zusammenhang gerissen werden. Zwar beschreiben wir auch die Mechanismen der Verknüpfung, die technischen Mittel, die das ganze Paket zusammenhalten, aber dabei bleiben die offenen strukturalen Aspekte, die wir im zweiten und dritten Teil behandeln werden, noch vorläufig unbeachtet. Zunächst geht es um die Betrachtung der Form als Produkt, als Gegebenes, als Resultat: Form als Stasis.

Kapitel 1: Die Erzählstränge

Der Erzählstrang "Rättin"

In diesem Erzählstrang durchstreift Grass das Umfeld des Begriffs Ratte—den allgemein bei dem Wort Ratte assoziierten Vorstellungen und dem im Sprachgebrauch fixierten, dem Sprichwörtlichen wird nachgegangen. Die Ratten sind bekannt als Begleiter des Menschen; sie sind im Abfall, im Müll, in der Kanalisation angesiedelt und Inbegriff des Ekligen; sie sind Seuchenüberträger, wie bei der Pest im Mittelalter; sie sind zählebig. Es gibt außerdem die Geschichte des Rattenfängers von Hameln, das Jahr der Ratte im chinesischen Kalender, es gibt die Wörter Leseratte, Rattenkönig, und den sprichwörtlichen nagenden Zahn.

Aus diesen durch den Sprachgebrauch überlieferten Vorstellungen entwickeln sich Bausteine einer Handlung und Verbindungsglieder für verschiedene thematische Felder. Man hat beim Lesen den Eindruck, daß die Entwicklung der Handlung und der thematischen Ideen dabei eher auf lose, assoziative Weise als streng logisch-geradlinig geschieht. Gleich im ersten Satz wird das angedeutet: "Auf Weihnachten wünschte ich eine Ratte mir, hoffte ich doch auf Reizwörter für ein Gedicht, das von der Erziehung des Menschengeschlechts handelt" (7). Die Anschauung einer lebenden Ratte soll also "Reizwörter" zu einem vorgefaßten Thema liefern; der Erzähler wird demnach beliefert, er setzt sich Eingebungen aus, er öffnet sich den Reizungen des Gegenübers Weihnachtsratte. Dementsprechend gibt es keine streng linear durchgeführte Handlung und logisch-systematische Entwicklung des thematischen Materials, sondern es gibt viele Verzweigungen, die die Aufgabe, einen knappen Abriß der Handlung und der thematischen Gedanken zu liefern, nicht einfach machen.

Der folgende Überblick über die wichtigsten Momente des Geschehens und der Thematik bedeutet eine Komprimierung, eine Vereinfachung, eine Reduktion auf Geradlinigkeit, aber es ist ein notwendiger erster Schritt und liefert die Grundlage, um in den späteren Kapiteln auf die komplexen Elemente der Struktur eingehen zu können.

Wenden wir uns zunächst der Beschreibung der Handlung zu. Sie ist in drei Abschnitte eingeteilt, entsprechend einer Gliederung der Weltgeschichte in eine humane, posthumane und neohumane Phase. Der erste Abschnitt spannt den Bogen zwischen zwei Weltuntergängen, von der Sintflut in mythologischer Frühzeit bis zur zukünftigen nuklearen Katastrophe.

Die Ratten haben beide Untergänge überlebt: "...in unterirdischen Gängen, die wir mit Alttieren gepfropft und in Nistkammern zu rettenden Luftblasen gemacht hatten, waren wir, das zählebige Rattengeschlecht, der Sintflut entkommen" (13). In der Version der vorliegenden Geschichte wurde den Ratten nämlich der Zutritt in Noahs Arche verwehrt, und sie überlebten nur dank ihres Erfindungsgeistes und ihres Gemeinsinns. Und auf dieselbe Weise, wie sie die Sintflut überlebt hatten, überlebten sie auch den nuklearen Weltuntergang.

Es ist nun nicht so, daß die Zeit zwischen diesen Weltuntergängen aufgefüllt, und sozusagen die Geschichte der Menschheit in epischer Breite nacherzählt wird. Vielmehr sind die beiden Katastrophen nebengeordnet, parallel, und bieten Vergleichsmöglichkeiten, ohne daß wirklich verglichen wird; es wird dem Leser kein gründlich ausgearbeiteter Vergleich vorgesetzt, sondern es ist mehr Anspielung, Erinnerung: Weltuntergang, das gab's schon mal. Die Ratten überlebten beide. Für die Menschen aber gab es das zweite Mal keine göttliche Hilfestellung, eine Arche wurde nicht gebaut; es handelte sich diesmal auch nicht um eine göttliche Inszenierung, sondern die nukleare Zerstörung war menschliches Werk: die Selbstvernichtung einer Gattung.

Die Sintflut kam nicht von ungefähr; auch der nukleare Weltuntergang hatte warnende Vorzeichen, Gründe, eine Vorgeschichte.

Das erste Beispiel für die Verfallserscheinungen, die dem Weltende vorangehen, sind die Punks. Wie die Flagellanten des Mittelalters sind sie Ausdruck einer Weltuntergangsstimmung, eines Endzeitdenkens.

In der weiteren Schlußphase der Menschheit setzen "immer mehr Menschen...auf ein Leben ohne Vernunft" (71). Es gibt keine gedanklichen Impulse mehr, man "plapperte...nur noch abgelegte Ideen nach" (70-71). Es gibt keine geistigen Veränderungen mehr, Irrationalismus breitet sich aus, die Menschheit gibt sich auf.[1] In Zeiten, die von Irrationalismus geprägt sind, kommt es leicht zu agressiven Ausbrüchen—die Flagellanten zu Pestzeiten (71) und die Ära des Nationalsozialismus (142) werden als Beispiele angeführt. Jetzt aber, in der Schlußphase der Menschheit, richten sich die Aggressionen der Menschen gegen sich selbst: es kommt in zunehmendem Maße, an allen Orten und bei allen soziologischen Gruppen zu kollektiven Selbstverbrennungen. Eine zunehmende "Geneigtheit zum Tode" verbreitet sich (73).

Die allerletzte Weltanschauung heißt "Finalismus", und entspringt der Ansicht, "daß das Humane und sein seit Noahs Zeiten wieder-holter Versuch, dem Menschengeschlecht ein weniger mörderisches Verhalten einzuüben, gescheitert war" (74).

Die Ratten erkennen die drohende Gefahr der menschlichen Selbstzerstörung und veranstalten weltweit warnende Demonstra-tionen. Als diese Warnungen erfolglos bleiben, lösen sie schließlich selbst, durch Manipulationen der Zentralcomputer beider Welt-mächte, die nuklearen Angriffsprogramme aus: "...wir gaben die Menschen auf und machten Schluß mit ihnen, bevor sie, über-raschend für uns, aufs Knöpfchen hätten drücken können...." (169).

Der zweite Abschnitt des Erzählstrangs behandelt die posthumane Phase. Der Schauplatz ist jetzt Danzig und die Kaschubei. Das Hin-terland ist völlig zerstört, aber die Stadt selbst, verschont dank Neutronenbombe, ist unbeschadet in ihrer Bausubstanz.

Die Ratten, die es nach einer gewissen Wartezeit in ihren unterir-dischen Kammern an die Oberfläche drängt, müssen sich den neuen Verhältnissen anpassen—zuerst verbrannte Erde, dann langsam wieder spärliche Vegetation und niedere Lebewesen—; sie kommen in die Stadt, wo sie Lebensmittelkonserven vorfinden.

Unter den neuen Umständen verändern die Ratten sich. Mit dem Untergang der Menschheit fehlt ein Gegenüber. Sie werden religiös: "Kaum ist das Menschengeschlecht verschwunden, beginnen wir hinter die Dinge zu gucken, Sinn zu suchen, uns Bildnisse zu ma-chen" (305). Ein Streben nach Transzendenz zeigt sich, früher ein ausschließlich menschlicher Zug. Gegenstand der Anbetung werden die einzigen menschlichen Überlebenden: eine uralte Frau, und der Pilot einer die Welt umkreisenden Raumkapsel.

In der posthumanen Phase folgt die Entwicklung der Ratten dem Gang der menschlichen, genauer gesagt der Danziger Geschichte. Es kommt zu Glaubensspaltungen; entsprechend dem ethnischen Herkommen der (post)humanen Bevölkerung in Danzig und Umgebung entwickeln sich anfangs drei Konfessionen, später gibt es weitere Absplitterungen. Es kommt zu Religionskriegen.

Die Ratten weisen jetzt menschliche Wesenszüge auf und nehmen menschliche Handlungsweisen an: "...wir äfften das Menschengeschlecht nach, verfolgten, folterten, kreuzigten unsereins, so daß man uns Ratten für eifernde Ketzer und die Ketzerei verfolgende Eiferer hätte halten können" (352).

Angeregt durch einen Fingerzeig des Schicksals, beginnen die Ratten, Ackerbau zu treiben. Die Nachttiere wandeln sich: "Wir scheuen das Licht nicht mehr. Wir haben uns zu Tagelöhnern der Sorge um Nahrung gemacht" (359). Auch die Sonne wird jetzt verehrt.

Die Ratten sind von Sehnsüchten erfüllt, sie recken sich himmelwärts im Gebet, hoffen auf Übersteigerung ihrer selbst, warten auf den Erlöser.[2] Die da kommen und den dritten Abschnitt, die neohumane Phase, einleiten, sind Produkte späthumaner Genmanipulationen, die "Watsoncricks": Kreuzungen von Mensch und Ratte. Ihre Ankunft bedeutet die Fortsetzung der Humangeschichte auf höherer Ebene. Diese Rattenmenschen haben eine Reihe erstrebenswerter Charaktereigenschaften; die Geschlechter sind gleichberechtigt—es gibt sogar eine "spürbare weibliche Dominanz" (427)—, und sie zeigen maßvolles, diszipliniertes, (sozial)demokratisches Verhalten.[3]

Die Watsoncricks "verkörpern Macht, doch keine blindwütige Gewalttätigkeit" (425-26). Mit dem Anwachsen ihrer Bevölkerung besetzen sie immer neue Stadtteile und verdrängen die Ratten. Schließlich beherrschen sie die ganze Stadt samt Umgebung. Sie überwachen den Ackerbau der Ratten auf dem Land, sammeln die Erträge an zentraler Stelle und kontrollieren die Verteilung: "Niemand muß hungern nach diesem System, dessen Devise erträglicher Mangel heißt" (449). Es ist ein Zweiklassensystem von Herren und Sklaven, die zentral organisierte und rationalisierte Ausbeutung der Ratten.

Es gibt noch weitere "Rückfälle in allzu bekanntes Humanverhalten" (486). Mit der Erfindung des Feuers werden sie zu Fleisch(fr)essern. Um die Versorgung des Fleischbedarfs sicherzustellen, werden Jungratten in einem besonderen Lager interniert und gemästet: "Wir konzentrieren besonders kräftig geratene Jungtiere auf abgesondertem Gebiet...." (486). Außerdem beginnt das Bierbrauen, was die üblichen mit Alkoholkonsum verbundenen öffentlichen Probleme zur Folge hat.

Für die Ratten, die auf die Wiederkehr des Menschen gehofft hatten, sind die Watsoncricks nicht die Erlöser, sondern "menschlich[er] Pfusch" (448). Ihr Untergang ist vorprogrammiert: "Die sind zu menschlich geraten" (496). Nach einiger Zeit werden die Watsoncricks von den Ratten zurückgedrängt und schließlich vernichtet.

Vom Menschen bleibt nichts mehr. Auch im zweiten Anlauf ist das Humane gescheitert. Das alte Danzig zerfällt. Die Zukunft gehört dem Rattengeschlecht, das einzig in der Lage war, Gemeinsinn, Zusammengehörigkeit, Solidarität zu üben.

Wenn aus der Sicht der Handlung die Geschichte der Menschen und der Ratten parallel erzählt wird, so haben wir es, vom thematischen Gesichtspunkt gesehen, mit der Gegenüberstellung, dem Antagonismus von Mensch und Ratte zu tun.

Die Ratten sind von Anfang an und an allen Orten Begleiter des Menschen. Im Müll angesiedelt, von seinen Abfällen lebend, sind sie Sinnbild des Ekels, dessen, was Abscheu, deswegen Furcht erregt.[4] Die Ratten repräsentieren die Kehrseite des Menschen, sind Symbol für all das, was er haßt, was er nicht akzeptieren, was er vernichten und negieren will, auch in sich selbst. In seinem Verhältnis zu den Ratten zeigt der Mensch sein Gesicht, spiegelt sich sein Wesen. Die Ratten, als das "Böse an sich", als die Verkörperung des Feindlichen, spielen so die Rolle des Schuldigen, des Sündenbocks, des Teufels, oder sie sind Namensgeber für diese Rolle. Es ist die Hauptrolle im uralten menschlichen Verdrängungsmechanismus: mit der Suche nach einem Sündenbock, dem man die Schuld auflasten kann, läßt sich die Frage nach der eigenen Verantwortlichkeit umgehen. Eine alte Geschichte, bekannt aus der jüngeren deutschen Vergangenheit:

> Wie bequem, uns menschliches Versagen aufzuhalsen. Für
> alles mußten wir herhalten, schon immer. Ob ihnen Pest,
> Typhus, Cholera zusetzte, ob ihnen zu Hungersnöten nur
> Teuerungen einfielen, immer hieß es: Die Ratten sind unser
> Unglück, und manchmal oder oft gleichzeitig: Die Juden sind
> unser Unglück. Soviel Unglück gehäuft wollten sie nicht
> ertragen. Deshalb versuchte man, sich zu erleichtern. Vertil-
> gung stand auf dem Programm. Vor allen Völkern sah sich das
> Volk der Deutschen berufen, die Menschheit zu entlasten und
> zu bestimmen, was Ratte ist, und wenn nicht uns, dann die
> Juden zu vertilgen. (142)

Es werden noch andere historische Beispiele für diesen Sündenbock-
Mechanismus genannt: das Mittelalter zu Pestzeiten, und schließlich
die endgültige, endzeitliche Katastrophe. Die beiden "grandigen
Macheffel", Staatsoberhäupter der Weltmächte, sind sich am Krisen-
telefon einig: "Dieses Doppelgezücht, Juden und Ratten sind schuld!"
(138)

Die Suche nach einem stellvertretenden Schuldigen ist ja nichts
anderes als die Verdrängung eigener Verantwortung. Es besteht hier
ein ganzer Komplex von Zusammenhängen: Verantwortung für
eigenes Handeln, oder Fehlverhalten, oder Versagen bedeutet, auf die
Zukunft gerichtet, Fürsorge für sich und andere, auch Besorgnis über
das, was kommen könnte; es bedeutet, die Unbeständigkeit der
Existenz ins Auge zu fassen, das Bewußtsein der Unsicherheit und
Ungesichertheit des Lebens zu ertragen, und das, was noch mitein-
hergeht— die Angst. Die Rättin faßt das knapp zusammen: "Frei von
Angst wolltet ihr sein, wie ihr sorgenfrei, frei von Sünden, Schulden,
immer schon frei von Verantwortung, Hemnissen, Skrupeln, ratten-
frei, judenfrei sein wolltet" (167).

In diesem Kontext findet auch die nukleare Zerstörung der Welt
ihre Erklärung. Hinter einem umfassenden gesellschaftlichen System
von Pseudo-Absicherungen und dem großen Geschäft der Versiche-
rungen steht die Logik der Angstverdrängung, die auch das paradoxe
Verteidigungskonzept der atomaren Abschreckung erklärt.[5]

Sicherheit durch Abschreckung—das Paradox wird noch poten-
ziert, indem die Kontrolle über die Abschreckungsmaschinerie Com-
putern übertragen wird. Die Gefahr ist logisch-kausal erfaßt, mathe-
matisch auf Formeln reduziert, die den Zufall nicht kennen—ein

unkalkulierbarer Zufall jedoch war es, wir erinnern uns, der die Endzeitprogramme auslöste—, die Entscheidungsgewalt dem vom Menschen geschaffenen Hilfsmittel Technik übertragen; der Mensch hat sich der Bestimmung über sein Schicksal selbst enthoben, den Kopf in den Sand gesteckt.[6]

Die Ratten, aus der Erfahrung ihrer Schwarzen-Peter-Rolle heraus, kennen den Menschen von seiner wahren Seite und bedauern seinen Untergang nicht:

> Gut, daß sie weg sind! Haben alles versaut. Mußten sich immer kopfoben was ausdenken. Hatten, selbst wenn Überfluß sie ersticken wollte, nicht genug, nie genug. Erfanden sich notfalls den Mangel. Hungernde Vielfraße. Dumme Bescheidwisser! Immer mit sich entzweit. Ängstlich im Bett, suchten sie draußen Gefahr. Überdrüssig der Alten, verdarben sie ihre Kinder. Sich Sklaven haltende Sklaven. Fromme Heuchler! Ausbeuter! Ohne Natur. Grausam deshalb. Nagelten ihres Gottes einzigen Sohn. Segneten ihre Waffen. Gut, daß sie weg sind! (32/33)

Ein schönes Beispiel für das von Grass so häufig verwendete Stilmittel des Paradoxons. Die Ratten erkennen den Menschen, durchschauen ihn in seiner ganzen Widersprüchlichkeit zwischen ideellem Anspruch und realem Handeln, zwischen Vernunftdenken und irrationalem, destruktiven Verhalten.

Hier kommen wir zum Thema des menschlichen Strebens nach Fortschritt, nach immerwährender Verbesserung, nach Vollkommenheit, nach Transzendenz—zum Hauptthema, zu der in Anspielung auf Lessing benannten "Erziehung des Menschengeschlechts". Die Geschichte des Erzählstrangs "Rättin" ist die Geschichte der Ratten, und somit, wir haben es bereits erwähnt, die Geschichte der Menschheit. Die Ratten sind Symbol der menschlichen Kehrseite, eine Spiegelung des Menschen also, nüchtern, ungeschminkt, illusionslos—die nackten Tatsachen. Aus der besonderen Erzählposition des Erzählstrangs—aus der Perspektive einer posthumanen Zukunft, in der die menschliche Selbstvernichtung Tatsache geworden ist, und aus der Perspektive der Gattung Ratte—wird die Geschichte der Menschheit und ihres Strebens nach Fortschritt, Verbesserung, Verwirklichung ihrer Ideale—die Geschichte der Erziehung des Menschengeschlechts also—zur Geschichte des Scheiterns der

Menschheit. Was die Rättin erzählt, doziert, predigt—von der didaktischen Pose dieser Erzählfigur wird noch zu reden sein—ist eine
umfassende Kritik: Am Menschen, am Menschlichen, an der Gattung
Mensch.

Die Erziehung des Menschengeschlechts ist gescheitert. In dem
Gedicht, das diesem Thema gewidmet ist, wird die ursprüngliche
Aufgabe, das Erziehungsprogramm definiert:

> Unser Vorhaben hieß: Nicht nur, wie man mit Messer
> und Gabel, sondern mit seinesgleichen auch,
> ferner mit der Vernunft, dem allmächtigen Büchsenöffner
> umzugehen habe, solle gelernt werden
> nach und nach. (188)

Umgang mit seinesgleichen und mit der Vernunft, Gleichheit und
rationales Handeln: Grammatisch nur beigeordnet, bedingen diese
Begriffspaare jedoch einander. Es ist aber so eine Sache mit der
Vernunft; der "allmächtige Büchsenöffner" ist ein zweischneidiges
Schwert. Wenn das Streben nach Verbesserung absolut wird, bedeutet
das Intoleranz, Nicht-Akzeptieren, Unterdrückung, oft Vernichtung
derer, die dem Ziel im Wege stehen oder das Klassenziel nicht
erreichen. Und so heißt es einige Strophen weiter unten:

> Halbwegs erleuchtet mußte das Menschengeschlecht
> nun nicht mehr planlos im Urschlamm verrückt spielen,
> vielmehr begann es, sich mit System zu säubern.
> Klar sprach erlernte Hygiene sich aus: Wehe
> den Schmutzigen!
>
> Sobald wir unsere Erziehung fortgeschritten nannten,
> wurde das Wissen zur Macht erklärt
> und nicht nur auf Papier angewendet. Es riefen
> die Aufgeklärten: Wehe
> den Unwissenden! (188-89)

In Umkehrung des Erziehungsgedankens kann rationales Denken
so Quelle der Unvernunft, Ursache für zerstörerisches Verhalten
gegenüber dem Mitmenschen sein. Die Rättin erinnert an anderer
Stelle an die zahllosen internen Konflikte der Menschheitsgeschichte:
"Sie haben sich abgestochen und niedergemäht, ausgehungert, ver-
tilgt. All das keimte in ihren Köpfen zuerst" (106).

Ursache für die gegenseitige Vernichtung ist letzten Endes die
unselige Polarisierung der Denkkategorien, die strenge Unterschei-

dung in absolute Gegensätze, derzufolge Identifikation mit einem der Pole die Verneinung des anderen mit einschließt. Zum Beispiel die Trennung in Gut und Böse. In dieser Hinsicht ist die Frucht vom Baum der Erkenntnis ein zweifelhafter Segen, die hervorragende Stellung der Menschen innerhalb der Schöpfung ein fragwürdiges Privileg: sie sind "gottähnliche Narren".[7]

Mit der Kritik am menschlichen Streben nach Übersteigerung, Transzendenz ist auch die moderne abendländische Variante gemeint, die wirklich und im wörtliche Sinn nach den Sternen gegriffen hat, der technische Fortschritt also:

> ...oft staunt unsereins, wenn Stürme mit dem strahlenden Staub sperrige Bauelemente von weither über die Hügel ins flache Land tragen. Seht, es segelt ein Glasfiberdach! So erinnern wir den verstiegenen Menschen: immer höher hinaus, immer steiler erdacht.... Seht, wie zerknautscht sein Fortschritt zu Fall kam! (15)

Die menschliche Verstiegenheit kennt keine Achtung vor der Natur. Am Beispiel Genmanipulation zeigt sie sich als prometheische Hybris; mit dem Versuch der Veränderung der Grundgegebenheiten der Natur, der Schöpfung, erklärt sich der Mensch zum Rivalen Gottes: "Zwei Gene hier-, vier dorthin: wir manipulieren. / Was heißt schon Natur! Zu allem geschickt, / verbessern wir Gott" (349).

Das Menschliche erleidet in diesem Roman einen zweimaligen Untergang. Das Thema des Glaubens an die Bewahrung der politischen Machtverhältnisse durch gegenseitige nukleare Abschreckung, und das Thema Gentechnologie—Manipulation der Erbmasse, Entwicklung eines "höheren" (Ratten)Menschen (349)—sind über die Handlung direkt in den Erzählstrang eingebaut. Aber die Rättin erinnert noch an andere Posten der menschlichen Schlußbilanz: an das Thema Umwelt, die irreparable Zerstörung des ökologischen Gleichgewichts, die "Vergiftung der Elemente"[8]; an das Thema Überbevölkerung und Hunger in der Dritten Welt[9]; an das Thema Kapitalismus und Ausbeutung der unterentwickelten Länder.[10]

Für ihresgleichen verneint die Rättin—die niemals ich sagt, sondern immer im kollektiven Plural spricht—das menschliche Streben nach Absolutheit, Übersteigerung, Transzendenz:

> Wir nicht! Sie zischelte, leugnete, stritt ab. Nie in uns selbst vergafft. Ungespiegelt waren wir uns genug. Kein Quatsch,

> dem wir Tiefsinn nachsagten, kein Ziel, das außer uns lockte,
> uns steigerte, enthob: die Überratte, es gab sie nicht! (...)
> Und keine vielstöckigen Denkgehäuse, in denen wir transzen-
> dierten bis zu den Sternen hoch in den hellen Wahn der Un-
> sterblichkeit. Frei von diesen humanen Faxen sind wir zahl-
> reich gewesen, ohne uns je gezählt zu haben. Uns fehlte das
> Bewußtsein eigenen Seins, ein Mangel, der uns nicht darben
> ließ. (118)

Hier kommt ein letzter Aspekt innerhalb des großen Themenkomplexes zur Sprache, der mit dem Begriff "Erziehung des Menschengeschlechts" nur vage überschrieben ist. Das Streben nach
Transzendenz ist verbunden mit dem Wissen um die individuelle
Identität, dem "Bewußtsein eigenen Seins". Diese Selbstbewußtheit
ist Folge, Resultat der Tätigkeit des Nachdenkens, der Reflexion, was
für die Rättin Selbstbespiegelung bedeutet, eine Form von Narzißmus
("Nie in uns selbst vergafft").

Aus dem Bewußtsein eigenen Seins kommt das Verlangen nach
Übersteigerung, das Suchen nach der "Überratte" oder dem Über-
menschen; es ist das Streben nach Enthebung der eigenen Individua-
lität, der Ich-Beschränktheit, die Sehnsucht nach einem höheren,
vollkommenen, nämlich der Zeit enthobenen, also unwandelbaren,
ewigen, also un- oder überkörperlichen, geistigen, also idealen,
göttlichen Zustand. Die Kehrseite des Bewußtseins um das eigene
Sein ist das Wissen um die eigene Vergänglichkeit, und so steht
hinter dem menschlichen Streben nach Transzendenz das äußerste
Ziel: der helle "Wahn der Unsterblichkeit".

Der Rat der Rättin lautet, die eigene Sterblichkeit zu akzeptieren:

> Doch wenn wir euch hätten lehren können, wäre die erste
> Lektion so ausgefallen: Fortan macht die Erziehung des Men-
> schengeschlechts Schluß mit dem Gerede von der Unsterblich-
> keit. Der Mensch lebt, solange er lebt. Nach dem Tod ist
> nichts. Und nichts außer Müll wird bleiben von ihm. (168-69)

Für die Ratten ist die individuelle Sterblichkeit kein Problem, weil
ihre Identität nicht individueller, sondern kollektiver Natur ist.[11]

Während die Menschheit unterging ("Nichts, kein Krümel ist von
ihnen geblieben", 504), waren die Ratten in der Lage zu überleben:
auf Grund ihres Gemeinsinns, ihrer Zusammengehörigkeit, ihrer
Solidarität. Sie haben das Ziel, das sich das Menschengeschlecht

gesetzt hatte—den Umgang mit seinesgleichen—verwirklicht. Sie waren in der Lage, "kein einzelnes Ich, sondern ein versammeltes Wir" zu sein (185), "Fürsorgeverhalten" anstelle des "nur geplapperte[n] Gebot[es] der Nächstenliebe" zu üben (186). Die Ironie dieser Geschichte: nur die Ratten, die menschliche Kehrseite, Sinnbild des Abscheus, das "Böse an sich", haben die Ideale der Erziehung des Menschengeschlechts verwirklicht.

Es ist noch zu bemerken, daß es einen eigenständigen, aber in den Zusammenhang "Rättin" gehörenden, also untergeordneten Erzählstrang gibt. Auf die Geschichte des Rattenfängers von Hameln jedoch werden wir später, im Zusammenhang mit der Besprechung des Erzählvorgangs eingehen.

DER ERZÄHLSTRANG "DAMROKA"

"Damroka" ist die Geschichte einer Schiffsreise, einer Forschungsfahrt auf der Ostsee. Es beginnt umständlich-ausführlich mit der wechselvollen Geschichte des um die Jahrhundertwende erbauten Schiffes, die, mit wechselnden Eigentümern, Heimathafen, Namen und ständig verbesserten Motoren den Verlauf des 20. Jahrhunderts widerspiegelt, insbesondere die Geschichte Deutschlands: die Zeit vor und nach dem 1. Weltkrieg, die Jahre bis 1945—das Schiff wurde zur Beförderung von Baumaterial für Kasernen und Barackenlager verwendet, Verweis auf die Herrschaft eines Regimes, das sich zum Krieg rüstete und die Internierung und Vernichtung von Minderheiten und Oppositionellen betrieb—, und die Teilung nach 1945—das Schiff, im Besitz der Deutschen Demokratischen Republik, wird schließlich von einer Käuferin aus Westdeutschland erworben.

Die Erzählung der Geschichte des Schiffes enthält auch Verweise auf andere Romane von Grass. Schon der erste Satz läßt aufhorchen: "Als im Oktober neunundneunzig die 'Dora', ein stählerner Ewer mit Holzboden, dem Schiffsbauer Gustav Junge in Auftrag gegeben...wurde...." (18) Das Datum erinnert an den Anfang der Beschreibung einer anderen, berühmten Geschichte, die auch den Verlauf der ersten Hälfte des 20. Jahrhunderts nachzeichnet: "Meine

Großmutter Anna Bronski saß an einem späten Oktobernachmittag in ihren Röcken am Rande eines Kartoffelackers.... Man schrieb das Jahr neunundneunzig...."[12]

Der jetzige Name des Schiffes jedoch verweist auf den *Butt*: "Die Neue Ilsebill". In erster Linie ist dieser Erzählstrang als Fortsetzung oder Anhang zum *Butt* konzipiert. Der Plattfisch taucht auch—indirekt—wieder auf. Die aus fünf Frauen bestehende Besatzung des Schiffes erinnert an die Frauen des feministischen Tribunals im *Butt*: in der Solidarität der Frauen auf Grund ihres politischen Bewußtseins, in ihren Rivalitäten untereinander, und in den angedeuteten intimen Verhältnissen, die der Erzähler zu diesen Frauen hat. So ist hinter der passioniert strickenden Kapitänin Damroka unschwer jene Ulla Witzlaff, strickende Organistin und Mitglied des feministischen Tribunals im *Butt* zu erkennen, und übrigens auch Grass' strickende Ehefrau Ute in *Kopfgeburten*, der der vorliegende Roman ja auch gewidmet ist.

Das Thema Feminismus, Zentralthema des *Butt*, wird also fortgeführt, und es wird in dem vorliegenden Erzählstrang mit dem Thema Umwelt verbunden. Zweck der Forschungsreise, zu der sich die fünf Frauen zusammengefunden haben, ist die Vermessung der Quallendichte der westlichen Ostsee, die "von Algen verkrautet, durch Tangbärte vergreist, von Quallen übersättigt, obendrein quecksilbrig, bleihaltig, was noch alles ist" (23).

Die Verbindung des Frauen- und Umweltthemas stellt sich folgendermaßen her: die Hoffnung der Frauen im *Butt*-Roman auf das Ende der Männerherrschaft und auf den Beginn einer neuen Ära unter ihrer Führung ist nie Wirklichkeit geworden. Die Frauensache hat sich nicht durchsetzen können, sie ist gescheitert. Immer noch bestimmen die Männer den Kurs und manövrieren die Welt in eine zunehmend ausweglosere Lage. Die Frauen fühlen sich vom Butt verraten.[13]

Der Schwerpunkt des feministischen Engagements hat sich verschoben. Die Frauen setzen sich jetzt für die Probleme der Umwelt ein, für die Bewahrung und den Schutz des Lebens, sie kämpfen gegen die Vergiftung und Zerstörung der Natur, gegen die zerstörerischen Einflüsse der industriellen Zivilisation.[14]

Aber ihr Einsatz ist erfolglos. Sie können die Entwicklung nicht aufhalten, die Zerstörung der Natur schreitet fort.[15] Sinnbild für das beharrliche, aber aussichtslose Engagement der Frauen ist das Stricken, eine Tätigkeit, der diese Vorkämpferinnen leidenschaftlich hingegeben sind. Der Vorgang des Strickens bedeutet das Bestehen auf Kontinuität, darauf, "den Faden nie abreißen [zu] lassen" (39), er bedeutet die Verweigerung zu resignieren: "Ich höre die Frauen gegen die rinnende Zeit, gegen das drohende Nichts, gegen den Anfang vom Ende, gegen jedes Verhängnis aus Trotz oder bitter begriffener Ohnmacht mit ihren Nadeln klappern. Wehe, wenn dieses Geräusch plötzlicher Stille wiche!" (41)

Darüberhinaus ist das Stricken erfolgreicher als der vergebliche Kampf mit Worten und Argumenten. Wenigstens bringt es konkrete Resultate: Pullover, Wolldecken, Pulswärmer. Gestrickt wird *für* jemanden; Stricken ist fürsorglich, ein Liebesdienst: "Von Kindheit an bis zum gegenwärtigen Pullover haben mich Frauen mit Selbstgestricktem warmgehalten in Liebe", sagt der Erzähler (41).

Ähnlich wie das Kochen im *Butt* ist das Stricken eine typisch weibliche Tätigkeit, eine Tätigkeit, die als konstruktiv, fürsorglich, lebensbejahend dargestellt wird und symbolisch positives Gegenstück ist zum männlichen zerstörerischen, oder mindestens fruchtlosen Tun.[16]

Das Engagement der Frauen für die Umwelt ist vergeblich, und auch die Forschungsfahrt der "Neuen Ilsebill" ist letzten Endes nutzlos, denn sie trägt nichts zu Veränderung des ökologischen Zustands der Ostsee bei, es ist nur eine Bestandaufnahme, eine Vermessung, die im Übrigen keine neuen Einsichten bringen wird.[17]

Der Zustand der Ostsee, wie die Lage der Welt, verschlimmert sich. Die Frauen ahnen, "bald werde es mit den Männern, die nichts mehr hergeben, ein Ende haben" (156). Und sie hoffen auf einen Ausweg, sehnen sich nach einem rettenden Hort. Es stellt sich heraus, daß Damroka, die Kapitänin, mit dieser Forschungsfahrt noch eine andere Absicht verfolgt. Aus der wissenschaftlichen Expedition wird die Suche nach einem versunkenen, unter Wasser liegenden Reich—Vineta—, das allen Frauen offenstehen soll. Der Butt hat es den Frauen versprochen, als Entschädigung für sein Versagen, sozusagen.

Die Sage von Vineta klingt wie die Umkehrung jenes Märchens vom Fischer und seiner Frau, das dem *Butt* zugrunde liegt. In der

vorliegenden Mär von Vineta sind es nämlich die Männer, deren Gier
und Maßlosigkeit das Unheil herbeiführen:

> Utopia Atlantis Vineta.... Es sollen in dieser Stadt während
> langer Zeit die Frauen das Sagen gehabt haben, bis eines Tages
> die Männer mitreden wollten. Gepraßt wurde und goldenes
> Spielzeug den Kindern geschenkt. Worauf Vineta mit all
> seinem Reichtum unterging, auf daß die versunkene Stadt eines
> Tages erlöst werde: von Frauen natürlich, fünf an der Zahl,
> deren eine wendische Ursprungs sei und Damroka heiße. (100)

Ein weiterer Aspekt wird in dem Verhältnis des Ich-Erzählers zu
den fünf Frauen in die Geschichte eingebracht. Er hat enge Beziehungen zu jeder von ihnen gehabt.[18] Diese Frauen sind Teil seiner
Vergangenheit; es sind also vor dem Leser getarnte Geschichten,
"Lügengeschichten" (97), "verschleierte Geschichten" (222), die er
erzählt: "denn nie dürfte ich sagen, wie ich ihnen fremd geworden,
abhandengekommen, nie greifbar gewesen, hungrig oder zufällig
unterlaufen bin" (222).

So ist die Konstellation gerade dieser fünf Frauen als Besatzung
des Schiffes eine Konstruktion des Erzählers: "Nur versuchs-
weise—mal sehen, was dabei rauskommt—gefiel es mir, alle einträch-
tig auf Reise zu schicken, obgleich sie einander spinnefeind waren
und in Wirklichkeit umständlich mieden" (396). Diese Konstruktion
bedeutet den Versuch, die Frauen, repräsentativ für ihr Geschlecht,
als "schwesterlich zu begreifen" (396). Es ist ein Experiment, ein
Test, eine Art Prüfung des Gedankens in der Fiktion: Wie bestehen
die Frauen auf dem Schiff; ist Vineta, ist ein Frauenreich möglich?

Das ist die Frage, denn die weibliche Eintracht wird in Frage
gestellt durch den Hang zur Rivalität, den Streit um die Rangord-
nung, wie bei der Bestimmung des Kurses, bei der unterschwellige
Feindseligkeiten zu Tage treten.[19]

Verfolgen wir nun den kurzen Handlungsverlauf dieses fiktionalen Experiments. Damroka, die Kapitänin, wird vom Butt vor dem
bevorstehenden Weltende gewarnt und angewiesen, spätestens "Sonn-
abend vor Sonnenuntergang...vor Usedom, überm Vinetatief [zu]
sein" (158). Die Katastrophe wird sich am Sonntag ereignen. Es
kommt zu Streit unter den "Königinnen" um Vorrecht und
Rangfolge, um Richtung und Reihenfolge der nächsten Schritte—der
eben zitierte Streit um den Kurs—, und es kommt zu Kompromissen.

Nach einer Episode auf Visby, bei der die Frauen an einer Demonstration gegen Tierversuche beteiligt sind, in deren Verlauf Tiere, manipulierte Ratten darunter, befreit werden, nehmen die Frauen Kurs auf Usedom und ankern zur rechten Zeit an der vom Butt bezeichneten Stelle über Vineta.

Als die Frauen am Morgen, nach abermaligem Streit um Vorrang und nach feierlichem Umkleiden in die Tiefe tauchen wollen, entdecken sie, daß Vineta bereits besetzt ist: von Ratten. Die Frauen erkennen, daß ihnen keine Zuflucht gegeben ist; ein eigenes Reich ist ihnen verwehrt. In diesem Augenblick beginnt das Feuerwerk der nuklearen Explosionen. Auch die Frauen werden Opfer des von den Männern inszenierten Weltuntergangs.

Der Erzählstrang spaltet sich hier. Einerseits wird er in "Rättin" weitergeführt: die Watsoncricks, während jener Demonstration auf Visby, an der die Frauen teilnahmen, aus dem Institut für Grundlagenforschung der Universität Upsala befreit, kommen auf der "Neuen Ilsebill" in Danzig an.

Andererseits gibt es einen Anhang, einen Brief Damrokas an den Erzähler. Nach erfolgreicher Rückkehr von der Forschungreise schreibt sie über das Experiment der weiblichen Koexistenz:

> ...wiederholt gemachte Erfahrung zeige, daß die Frauen noch nicht gelernt hätten, einander auf engem Schiff zu ertragen. "Weiß nicht, wie das kommt. Immer hat es zwischen allen geknistert. Selbst mir sind die vielen Weiber an Bord gelegentlich auf die Nerven gegangen". (463)

Das Thema feministischer Separatismus, als Anhang zum *Butt*, ist anscheinend zu Ende gebracht, es hat sich erledigt. Die Geschlechter kommen um die Koexistenz nicht herum, sie müssen sich arrangieren. Andere Themen sind jetzt vorrangig: Umwelt, atomare Bedrohung—die neuen Themen der *Rättin*.

DER ERZÄHLSTRANG "MATZERATH"

In diesem Erzählstrang tritt der Protagonist der *Blechtrommel* wieder in Erscheinung. Wie eine reale Gestalt ist er gealtert und steht jetzt vor seinem sechzigsten Geburtstag: ein kleiner, verwachsener Mann mit Glatze und silbergrauem Haarkranz, und, einer reizbaren Prostata wegen, von labiler Gesundheit. Oskar Matzerath ist heute ein erfolgreicher Unternehmer "mit seiner Vorortvilla und dem dicken Mercedes" (30).

Oskar ist den fünfziger Jahren verhaftet: "Er sammelt Stücke aus dieser Zeit" (31). Indem Grass auf den Helden der *Blechtrommel* zurückgreift, schließt er an an das dritte Buch seines Erstlingswerks und an die historische Periode, in der sich der letzte Teil der *Blechtrommel* abspielt; er spannt damit einen Bogen, stellt einen Zusammenhang her zur Ära der fünfziger Jahre. "...im Grunde haben die fünfziger Jahre nicht aufgehört" (31), läßt er Matzerath sagen. Das ist der Gedanke, der auch, wie wir sehen werden, das Grundthema des Erzählstrangs "Malskat" bildet.

Oskar Matzerath ist jetzt in der Videobranche tätig, er ist Filmproduzent, ein flexibler Geschäftsmann, dem es nach anfänglichen Pornoproduktionen mühelos gelingt, sich auf ein "didaktisches Programm" (30) umzustellen, das sich mit Rückschau in die Vergangenheit und Vorgriffen auf die Zukunft beschäftigt, und dessen technische Verfahrensweise—auf die wir in Kapitel 6 bei der Behandlung der zeitlichen Dimension des Romans eingehen werden—sich durch "Lust an Vorgriffen und Rückblenden" (30) auszeichnet.

Wenden wir uns der Handlung zu. Matzerath macht eine Reise nach Polen, in die Kaschubei, seine alte Heimat, um an der Feier anläßlich des hundertsiebten Geburtstags seiner Großmutter Anna Koljaiczek teilzunehmen. Warum gerade jetzt? Die Großmutter sieht den nahenden Weltuntergang—"Nu mecht baldich aus sain mid alles was is" (219)—und lädt ein, um die in der ganzen Welt verstreute Verwandschaft noch einmal um sich zu versammeln.

Jeder Erdteil sendet Vertreter, und so wird die Kaschubei, oder genauer gesagt das Häuschen der Großmutter, zur Welt im kleinen.[20] Es ist eine geteilte Welt. Unter den Gästen befinden sich zwei Arbeiter der Leninwerft in Gdansk und Mitglieder der Solidarnosc

Gewerkschaft, deren Geschenk, eine "kunstvoll geschmiedete Eisen-
schrift" mit dem Wort "Solidarnosc" (297), Anlaß bietet für politische Unstimmigkeiten innerhalb der Geburtstagsgesellschaft. Es ist
eine Anspielung auf die damalige politische Situation in Polen, auf
den Kampf um gewerkschaftliches Organisationsrecht und um
Mitbestimmung, und auch auf die Aufteilung der Welt in zwei
verschiedenen Ideologien verpflichteten Machtblöcken.

Unterschiede verdeutlicht auch der Wohlstand der Verwandten
aus den westlichen Industrieländern im Gegensatz zur ländlich-ein-
fachen Lebensweise der Kaschuben im armen Polen: "Wem es im
Westen besser geht, der kommt, / es jenen zu zeigen, / die in Ram-
kau, Kartuzy, Kokoschken geblieben, / um wieviel besser in
deutscher Mark" (17). So heißt es im ersten, programmatischen
Gedicht des Buches. Es sind nicht nur die westdeutschen; die austra-
lischen Verwandten bringen einen vollautomatischen Elektrogrill als
Geschenk ins "fleischarme Polen" (295), dessen allseits bewunderte
technische Perfektion Sinnbild ist für die Wertorientiertheit der kapitalistischen Welt: technischer Fortschritt als Selbstzweck, ein Thema,
das uns bereits im Zusammenhang mit dem Erzählstrang "Rättin"
vertraut ist.

Aber am auffallendsten trägt Oskar seinen Wohlstand zur Schau.
"Großkariert" (63, 266) gekleidet, im vom Chauffeur—sein uns aus
der *Blechtrommel* vertrauter ehemaliger Pfleger Bruno—gesteuerten
dicken Mercedes, der—ein weiteres Glied in der Kette ironischer Einfälle von Grass—wegen eines Verkehrsunfalls bei der Anreise
angekratzt ist, bringt er einen Goldschatz als Geschenk. Hundert-
sieben Goldmünzen sind es, für jedes Lebensjahr der Großmutter
eine, "damit nich mehr Elend mecht sain" (300).

Oskar sieht schwarz. Wie seine Großmutter ahnt er den bevorstehenden Weltuntergang.[21] Eine merkwürdige Verbindung: Goldge-
schenk und Endzeitstimmung. Als ob das Gold Versicherung oder
Schutz gegen die nukleare Bedrohung bedeuten könnte. Vielleicht ist
es auch so zu sehen: im Angesicht des Endes hält sich Oskar an das,
was die tiefste Bedeutung in seinem Leben hat, und das ist seine
Geburtstagsgabe. Der reiche westliche Unternehmer frönt dem
Mammon.

Wie in den bereits beschriebenen Erzählsträngen ereignet sich das nukleare Endspiel auch hier am Sonntag. Am Samstagnachmittag kommt Oskar in seinem Danziger Hotel an und fährt dann zur Vorfeier—auch der Geburtstag ist am Sonntag—nach Matarnia, dem Wohnort Anna Koljaiczeks. Sonntag früh besucht er das alte polnische Postamt, das Schauplatz einer wichtigen Episode der *Blechtrommel* war. In dieser Szene wird besonders deutlich, in welchem Sinne Oskars Reise eine Reise in die Vergangenheit ist. Es ist "eine Reise zurück" (163), in die Welt der *Blechtrommel*, genauer gesagt der ersten zwei Teile, deren Schauplatz Danzig ist. Gleichermaßen bedeutet es auch Rückschau in eine historische Epoche, die Thema, Anlaß und Vorlage für jenen Roman war. Oskars Gedenkminute vor der alten Polnischen Post verweist über die Romanepisode hinaus auf den historischen Anlaß für die Beschreibung in der *Blechtrommel*: den Ausbruch des Zweiten Weltkriegs. Es wird hier eine thematische Beziehung hergestellt zur jüngsten weltumfassenden Katastrophe.

Eine thematische Schlüsselszene ist Oskars Videovorführung und seine einleitende Rede dazu bei der Geburtstagsfeier am Sonntagvormittag. Wir werden darauf in Kapitel 6 im Zusammenhang mit der zeitlichen Dimension zu sprechen kommen. Die Videovorführung endet fünf Minuten nach zwölf mit dem Niedergang der vorprogrammierten Atombomben. Alle Gäste rennen ins Freie und vergehen in den Strahlungswellen. Nur Oskar bleibt in der Kate zurück und kann noch unter die Röcke der Großmutter kriechen, bevor er stirbt; er ist zu seinen Ursprüngen zurückgekommen—man denkt an die erste Szene in der *Blechtrommel*, von der aus seine Geschichte ihren Anfang nahm—, ein Kreis hat sich geschlossen. Einzig Anna Koljaiczek bleibt am Leben.

Wie in "Damroka" kommt es auch hier nach dem Eintreten der nuklearen Katastrophe zu einer Gabelung des Erzählstrangs.

Eine Linie mündet in "Rättin" ein. Anna Koljaiczek wird von den Ratten als überlebender Mensch angebetet. Nach ihrem Tod entdecken sie die Leiche Oskars unter ihren Röcken und vermuten, "die Uralte [hätte] zu guter Letzt ein Knäblein geboren" (354).

Auf der anderen Linie kehrt Oskar wie geplant aus Polen zurück, wenn auch angeschlagen: die vergrößerte Prostata war Ursache für eine Blasenkolik, er trägt jetzt einen Dauerkatheter und wird sich einer Operation unterziehen müssen.

Wir erleben noch eine neue Videoproduktion von Oskar Matzerath (sie wird in Kapitel 3 in Zusammenhang mit der Rivalität der Erzählerfiguren behandelt), und dann endet der Erzählstrang mit der Feier anläßlich seines sechzigsten Geburtstags. Unter den Gästen der Ich-Erzähler in Begleitung Damrokas, Maria—Oskars Geliebte und Stiefmutter aus der *Blechtrommel*—mit Sohn Kurtchen, "etliche Filmemacher mit Namen" (489), "ein Professor besonderer Wahl" und ein "unrasierter Dichter". Volker Schlöndorff ist unschwer erkennbar, bei den anderen muß die Identifikation den Kennern der Szene vorbehalten bleiben. Die Nachricht vom Ableben Anna Koljaiczeks ist noch zu erwähnen, weiter ist zum Handlungsverlauf und zur engeren Thematik dieses Erzählstrangs nichts zu sagen.

Der Erzählstrang "Märchenwald"

Die Grundtonalität, der thematische Ausgangspunkt dieses Erzählstrangs ist das Sterben der Wälder. Wald, das ist auch der Ort des Rätselhaften, Sagenhaften, Märchenhaften, und so wird ein Zusammenhang erstellt: das Sterben des Waldes bedeutet das Ende der Märchen, "denn mit den Wäldern sterben die Märchen aus" (18), heißt es im Programmgedicht.

Die Handlung, zu Recht als "lineare Märchenhandlung" (122) bezeichnet, ist szenisch reich ausgestattet und aufwendig besetzt, alle bekannten Märchen scheinen Akteure und Statisten geliefert zu haben.

Es beginnt mit einer Wagenkolonne, die durch sterbendes Waldgebiet fährt. Der Kanzler, in Begleitung seiner Familie und mit üblichem Gefolge von Ministern und Experten, befindet sich auf Inspektionsfahrt. Am Zielort ist alles für die Besichtigung vorbereitet worden, eine Kulisse, mit gesunden Bäumen und mit Singvögeln bemalt ist aufgezogen, und Singvogelstimmen auf Tonband machen die romantische Illusion vollkommen.

So kann der Kanzler in seiner Rede "eine heile Welt" beschwö-
ren, "die von Ungemach bedroht ist" (54), und hoffnungsvoll mit
dem Satz enden: "So lebe fort, du deutscher Wald!" (54)

Da treten die Kanzlerkinder protestierend ins Rampenlicht
der—weil in Anwesenheit der Medien—öffentlichen Aufmerksamkeit.
Der Sohn hält eine Gegenrede:

> "Du redest mal wieder Scheiße!" ruft er dem Kanzler als Vater
> zu und beschwört Wirklichkeit. Man sieht Autohalden und
> Autoschlangen, Fabrikschornsteine in Betrieb, heißhungrige
> Betonmaschinen. Es wird abgeholzt, planiert, betoniert. Es fällt
> der berüchtigte Saure Regen. Während Baulöwen und Indu-
> striebosse an langen Tischen das Sagen und bei Vieraugenge-
> sprächen genügend Tausenderscheine locker in bar haben,
> stirbt der Wald. Er krepiert öffentlich. Zum Himmel hoch
> abgetötet noch aufrechte Baumleichen. (55)

Ein wichtiges thematisches Moment findet hier Ausdruck: Die Ausbeutung und Zerstörung der Natur wird verursacht durch zügellose
Produktion und ungehemmtes Wirtschaftswachstum, durch Profitgier
und Korruption einer nutznießenden Minderheit.

Nach dieser Rede des Sohnes bringt die Tochter die Illusionskulisse zum Einsturz, und dann verschwinden die Kanzlerkinder Hans
und Margarete als Hänsel und Gretel im Wald. Die Märchenhandlung
beginnt.

Sie laufen durch die "Leichenstarre" (125) des toten Waldes und
kommen schließlich durch dichten, "unwegsam grünen Märchenwald" (126) zum Knusperhäuschen, dem Reservat der—vorwiegend
Grimmschen—Märchengestalten: Froschkönig, Rapunzel, Schnee-
wittchen und viele andere.

Aber dieser Ort ist auch nicht unberührt und völlig geschützt vor
den zerstörerischen Einflüssen der Gegenwart: Saurer Regen fällt.
Die konservierte Märchenwelt ist von der heutigen Wirklichkeit
bedroht. Verzweiflung breitet sich unter den Märchengestalten aus:
"Alle spüren, daß wenn der Wald stirbt, auch sie sterben müssen"
(181).

Der rettende Gedanke kommt von Hänsel und Gretel. Eine
Abordnung soll mit Bitte um Hilfe zu den Grimmbrüdern—auch sie
gehören als Umweltminister der gegenwärtigen Regierung zum

Besetzungsaufgebot dieser Mär—nach Bonn geschickt werden. Dort haben die Grimmbrüder der Märchendelegation nichts Ermutigendes zu sagen: "Wir sind leider machtlos. Die Demokratie ist nur Bittsteller. Das große Geld hat die Macht!" (236) Aber dann haben sie doch eine Idee. Sie wollen den Kanzler zu einer Besichtigung der Wälder bewegen: "Vielleicht geschieht dort ein Wunder" (238).

Die Herstellung von Wundern gehört recht eigentlich in den Kompetenzbereich der Märchenwelt, die jetzt die Initiative ergreift. Ein neuer Weg wird in den Wald gelegt, Bäche werden umgeleitet, die alte Wegspur durch Pflanzenbewuchs gelöscht. Die Wagenkolonne des Kanzlers, auf Besichtigungsfahrt, gerät auf den neuen Weg; die Grimmbrüder werden von der Gesandtschaft weggelockt. Die Wagenschlange kommt schließlich an eine Turmruine, in der sich Dornröschen mit Spindel befindet. Ihr Märchen findet hier seine Wiederholung. Der Kanzler spricht sie an, sie erschrickt, sticht sich mit der Spindel, und alle, der Kanzler mitsamt seiner Gefolgschaft von Ministern und Experten einschließlich dem Polizeiaufgebot, fallen zusammen mit Dornröschen in Tiefschlaf und werden von einer Dornenhecke überwacht.

Der Staat ist jetzt führerlos. Die Märchen beschließen, den Staat, die Welt der Gegenwart, zu infiltrieren, unter Kontrolle zu bringen, "den Wald in die Städte zu tragen" (346). Es kommt zur Mobilmachung der gesamten keltischen und germanischen Sagen- und Märchenwelt, von Merlin bis Drosselbart, vom Tapferen Schneiderlein bis zum Standhaften Zinnsoldaten, einschließlich Hexen und Feen aller Rangordnungen.

Es kommt zur Offensive der Natur gegen die kapitalistische Welt. Zaubersamen wird überall gestreut, der Mechanismus der freien Marktwirtschaft blockiert.[22] Pflanzen wachsen und decken alles zu. Die Natur überwuchert und löscht die Welt der industriellen Zivilisation. Die Menschen finden sich in einem paradiesischen "Garten der Lüste".[23]

Im Hauptquartier, dem Knusperhäuschen, protestieren die Grimmbrüder gegen diesen ungeordneten Zustand, sie befürchten "Chaos und Unzucht" (370). Sie werden freigesetzt mit dem Auftrag, eine neue Regierung zu bilden. Die Bedingungen der Märchenwelt sind: "Gute Luft! Reines Wasser! Gesunde Früchte!" (371).

Die Grimmbrüder berufen in erster Sitzung eine Notstandsregierung aus "Industriebossen, Bischöfen, Generälen und Professoren" (404). Wieder taucht das Korruptionsmotiv auf: "Unterm Tisch, wo Dickicht wuchert, werden den Professoren und Bischöfen Geldscheine zugesteckt" (404). Die Grimmbrüder können die Forderungen der Märchenwelt nicht durchsetzen. Sie werden entmachtet, ein General übernimmt die Kanzlerschaft.

Jetzt taucht der küssende, kußsüchtige, auf Dornröschen versessene Prinz auf, der, dem Knusperhäuschen entlaufen, den Aufenthaltsort des in Zauberbann geratenen ehemaligen Kanzler verrät.

Die alte Macht, "das regierende Interesse im klassischen Verbund—Kapital, Kirche, Armee—" (436), im Gewand eines neuen Regimes, leitet die Gegenoffensive ein. Drachenähnliche Ungetüme überrollen das Knusperhäuschen, die Märchengestalten werden getötet, nur Hänsel und Gretel entkommen. Dann geht es zur Dornenhecke, der Prinz küsst Dornröschen wach, und während Altkanzler und Gefolge wieder zu sich kommen, werden auch diese letzten beiden Märchengestalten zerschmettert. Die Märchenwelt ist zerstört, das Militär an der Macht, der Wald verloren. Nur Hänsel und Gretel entkommen, laufen zurück in den grünen Wald, in die Vergangenheit. Die biedermeierlich gekleideten Grimmbrüder erwarten sie in einer Kutsche. Die Fahrt geht rückwärts, "ins Reich Eswareinmal" (469).

Von der thematischen Seite betrachtet, ist dieser Erzählstrang eine Kritik an der Umweltpolitik der Regierung, das zeigt die erste Szene—die leeren Worte des Kanzlers vor der Illusionskulisse—, in der die Verweigerung des Regierungschefs, sich der bedenklichen Wirklichkeit zu stellen, satirisch ins Bild gesetzt ist; und dieser Punkt wird auch im letzten Absatz noch einmal ausgesprochen:

> Wem...der rückgewendete Schluß des stummen Films vom sterbenden Wald und vom Ende der Märchen zu verheißungsvoll, von Hoffnung geschönt und nicht böse genug ist, der möge...die Zeitung aufschlagen, bis daß ihn Zorn überkommt, was des Kanzlers Experten zu sagen haben. (469)

Aber über die verantwortungslose Umweltpolitik und die Korruption der Regierenden hinaus—das Bestechungsmotiv wurde bereits erwähnt—geht es um einen umfassenderen Themenkreis. Rücksichtslose Zweck- und Gewinnorientiertheit hängt zusammen mit der freien Marktwirtschaft, mit dem kapitalistischen System, mit der Theorie vom unbegrenzten Wirtschaftswachstum.[24] Es ist die Theorie der modernen Industriegesellschaften, die sich auf das Vertrauen in den technischen Fortschritt stützt. Der Naturzustand als Chaos, und davon abgeleitet der Auftrag, sich die Natur untertan zu machen—das ist typisch abendländisches Gedankengut; zwar tief verankert in der jüdisch-christlichen, also biblischen Tradition, ist es aber vor allem typisch neuzeitliches Denken, Vernunftdenken, vom Rationalismus abgeleitet, der europäischen Aufklärung also.

Hier haben wir eine thematische Verbindung zum Erzählstrang "Rättin", wo die kritischen Gedanken zur Tradition der europäischen Aufklärung im Umfeld des Begriffs der "Erziehung des Menschengeschlechts" zu finden sind. Im Gedicht von der Erziehung des Menschengeschlechts kommt die rationalistische Beurteilung der Natur als ungeordneter Zustand zur Sprache:

> Unser Vorhaben hieß: (...)
> Erzogen möge das Menschengeschlecht sich frei,
> jawohl, frei selbstbestimmen, damit es,
> seiner Unmündigkeit ledig, lerne, der Natur behutsam,
> möglichst behutsam das Chaos
> abzugewöhnen. (188)

Die behutsame Zähmung der Natur, das kommt im Erzählstrang "Märchenwald" zum Ausdruck, fand nie statt. Das Streben des Menschen nach Verbesserung seines Zustands vermittels einzig auf Wirtschaftswachstum orientierten technischen Fortschritts führt zur Vergewaltigung der Natur, zu ihrer Zerstörung.

Nebenbei wird im Kontext dieses Erzählstrangs noch auf andere Auswirkungen des rationalistischen Denkens angespielt: auf den Zwang, alles rational, also kausal erklären zu müssen, das Phantastische und Unwirkliche eng auf einen eindeutigen Sinn festzulegen, nüchtern, distanziert-logisch zu interpretieren, nicht zu erleben, sondern zu deuten und den Märchen das Märchenhafte, Geheimnisvolle zu nehmen:

> Jedes Märchen gedeutet. Im Seminar
> stricken gute und böse Feen.
> Das Genossenschaftswesen der Zwerge.
> Die Hexe und ihr soziales Umfeld.

Hänsel und Gretel im Spätkapitalismus oder
was alles zum Drosselbartkonzern gehört.
In einer Fallstudie
wird Dornröschens Tiefschlaf behandelt. (178)

Die Märchen stehen im thematischem Kontrast zum kühlen, verstandesmäßigen, zweckorientierten Denken unserer Zeit. Sie sind der Ort der Phantasie, des Irrationalen, des Unterbewußten, der Träume. "Fortan werden sich alle Träume hellwach abspielen" (465), heißt es zum Untergang der Märchenwelt, und an anderer Stelle: "Nichts gehört mehr dem König Drosselbart. / Es können die Kinder sich nicht mehr verlaufen. / Keine Zahl Sieben bedeutet mehr als sieben genau" (49).

Die Märchen sind auch der Hort der "schönen Wörter":

Die schönen Wörter.
Nie mehr soll Labsal gesagt werden.
Keine Zunge rührt sich, mit Schwermut zu sprechen.
Nie wieder Stimmen, die uns Glückseligkeit künden.
Soviel Kümmernis sprachlos. (240)

Labsal, Schwermut, Glückseligkeit, Kümmernis: altmodische, unzeitgemäße Wörter, Wörter, die Gefühlszustände beschreiben, und mit deren Verschwinden die Gefühle keinen Ausdruck mehr finden: "Kümmernis sprachlos". Unsere Zeit ist gekennzeichnet durch allgemeinen Sprachverfall, durch den "Niedergang des Schriftdeutsch", durch die "Verkrautung einst blühender Wortfelder"; die heutige Sprache ist eine "Kunststoffsprache", es ist "Schlumpfdeutsch" (122). Sprache ist nicht nur Mittel der Kommunikation, sondern auch Wahrer der kulturellen Tradition, einer Tradition, die weit zurückreicht, bis ins Alte Testament: "Abschied von Wörtern, die vom Mann im Land Uz sagen, / er sei nacket von seiner Mutter Leibe kommen" (240). Ohne Sprache gibt es keine Grundlage für Gemeinsamkeit; ohne kulturellen Werte und ohne Kommunikation gibt es keine Gesellschaft. Das Ende der Wörter ist das Ende: "Zum Abschied mit Taubheit geschlagen, / gehen die Wörter uns aus" (240).

Es ist nun nicht so, daß die Märchenwelt in diesem Buch kindlich, unschuldig, heil ist. Auch hier gibt es Streit, Rivalität, und die uralte Spannung zwischen den Geschlechtern.[25] Auch hier gibt es Grausamkeit, Unterdrückung, sexuelle Ausbeutung:

> Es fällt auf, das alle Sieben ihr Schneewittchen benutzen: nicht
> nur muß das kränkliche Wesen die Wäsche waschen und
> bügeln, ihnen Knöpfe annähen und sieben Paar Schuhe auf
> Hochglanz putzen; man sieht auch diesen und jenen mit dem
> immer folgsamen Hausmütterchen in einer Dachkammer ver-
> schwinden. Sobald der Kunde nach relativ kurzer Zeit pfeifend
> treppab steigt, und Schneewittchen Mal um Mal erschöpfter aus
> ihrer Kammer wankt, kassiert die Böse Stiefmutter Münzen
> alter Prägung, preußische Thaler, Goldstücke darunter. (248)

In solchen Passagen unterwandert Grass genüßlich die romantische Vorstellung einer heilen Märchenwelt. Die Vergangenheit
repräsentiert keinen verlorenen und sehnlichst zurückgewünschten
Idealzustand. Der Ausgang des Märchens vom Märchenwald bedeutet
kein glückliches Ende:

> Doch wie die Kutsche, in der sich Hänsel und Gretel mit den
> Grimmbrüdern gefunden haben, rückläufig ist, so treten alle,
> die ihnen begegnen, Schritt nach Schritt hinter sich: als werde
> das alte Weiblein vom Reisigbündel, der Mann vom Bienen-
> stock, des Töpfers Frau von schwerer Kiepenlast und der
> Bauer vom Kalb mit dem Strick gezogen....Hinter sich betteln
> will fortan der Bub. Und auch die Landlosen und Gefangenen
> hoffen samt Wachsoldaten, wenn sie einander nur weit genug
> ins Reich Eswareinmal schleppen und treiben, Land endlich zu
> finden, besser besoldet und frei von Ketten zu sein. So viel
> verspricht die Vergangenheit. (468-69)

Wenn im Erzählstrang "Rättin" die schlimmste Zukunft ausgemalt wird, so ist die Rückwendung in die Vergangenheit in "Märchenwald" auch kein rettender Ausweg. Die Vorstellung einer roman-
tischen Idylle ist Illusion. Armut, Not, Unterdrückung, Ausbeutung:
das menschliche Los war in der Vergangenheit nicht besser.

Allenfalls die Grimmbrüder verkörpern eine Art von Synthese.
Als gegenwärtige Regierungsbeamte und Märchenonkel der Vergangenheit verbinden sie beide Welten. Deswegen sind sie sich auch als
einzige den Zusammenhängen des Umweltproblems bewußt: "Beide
haben frühzeitig...die Stabilität des Ökosystems bei ungehemmten
Zuwächsen bezweifelt" (121). Aber sie sind machtlos, nichts weiter
als eine sympathische Ausnahmeerscheinung. Ein Ausweg wird in
diesem Erzählstrang nicht angeboten. Die Märchenwelt ist als Gegenstück zum nüchternen, technischen Verstandes- und Fortschritts-

denken unserer Zeit entworfen, als Spiegel zum Zweck der Kritik, nicht als ernsthafter, realisierbarer Gegenentwurf.

DER ERZÄHLSTRANG "MALSKAT"

Es ist die Geschichte eines Fälschers, eines Schöpfers täuschend echter gotischer Wandmalereien. Es ist der kürzeste Erzählstrang, und er setzt sich auch in seinem dokumentarischen Charakter—die Geschichte des Fälschers Malskat ist authentisch—von den anderen Erzählsträngen ab.

Knapp wird die Biographie und werden die zwei Phasen der Fälscherkarriere des 1913 in Königsberg als Sohn eines Antiquitäten- händlers geborenen Lothar Malskat nachgezeichnet.

Die erste Phase beginnt 1936 und endet 1939 mit dem Beginn des Weltkriegs und Malskats Einberufung zum Militär. Im Auftrag eines Kunstprofessors und in Begleitung und unter Aufsicht von dessen Sohn arbeitet Malskat zunächst im Dom zu Schleswig an der Schlei, wo er, in Einbeziehung von erkennbaren Resten des ursprünglichen Bildes, eine "im Großen kühne, im Detail überraschende" Konturenmalerei ausführt (111). Später ist er im Heiligengeisthospital in Lübeck tätig, wo er eine schadhafte Caseinbindermalerei aus dem neunzehnten Jahrhundert abwäscht und durch die eigene Gotik ersetzt. Dabei läßt er seine frische Arbeit durch eine raffinierte Technik mit Hilfe von Glasscherben, einer Drahtbürste und eines mit zermahlenem Kalkmörtel gefüllten Puderbeutels nachaltern.

Seine Arbeit hat ironische zeitgeschichtliche Auswirkungen. Viele der gemalten Figuren spiegeln Merkmale der Physiognomie des langnasigen Malskat, und auf Grund dieser nordisch anmutenden Köpfe werden diese Fälschungen vom Naziregime zur "artreinen Kunst" erklärt. Aber noch besser: Malskat hatte in einem Tierfries einige Truthähne gemalt, willkommener Beweis für die Erstent- deckung Amerikas durch die Wikinger und Anlaß zur Revision des Geschichtsbildes durch völkische Historiker. Doppelte Ironie: die Vertreter einer fiktionalen Rassenlehre beziehen sich in ihrem Streben nach Legitimation arglos auf eine kunstgeschichtliche Fälschung.

Die zweite Phase und der Höhepunkt von Malskats Karriere als Kirchenmaler umfaßt die Zeit von Winter 1949/50 bis Ende August 1951, es ist seine Arbeit in der Lübecker Marienkirche. Die Kirche war während des Krieges ausgebrannt, und unter dem wegbröckelnden Verputz waren Reste gotischer Wandmalereien zum Vorschein gekommen. Unter Einbeziehung dieser dürftigen Reste malt Malskat die Kirche eigenständig im gotischen Stil neu aus; eine aufsehenerregende Arbeit, die von den Kunstexperten als das "Wunder von Lübeck" bezeichnet wird.

Die Geschichte des Fälschers Malskat wird nun in Bezug gesetzt zum zeitgeschichtlichen Kontext. Malskats Fälschungen sind symptomatisch für die Situation Nachkriegsdeutschlands.[26] Die beiden nach 1945 entstandenen deutschen Staaten sind selbst Fälschungen, sind Vortäuschung eines Neubeginns, doch in Wirklichkeit Weiterführung des Alten:

> ...weil sich allgemein das Fälschen und Verfälschen zu einer Lebensart mauserte, die recht bald regierungsamtlich wurde, worauf die alten Zustände, als wäre in ihrer Folge nichts Entsetzliches geschehen, als neue Zustände ausgegeben wurden, entstanden in Deutschland zwei Staaten, die als "Falsche Fuffziger"...in den Handel kamen, in Umlauf blieben und mittlerweile als echt gelten. (273)

Indem die neuen Staatsgebilde sich jeweils der einen und der anderen Siegermacht anschließen, geben sie den Gedanken der Einheit preis, und können gleichzeitig die Verantwortung für die Vergangenheit und die Schuldfrage von sich wälzen. Die Erinnerung wird übertüncht.[27]

Die Bildung der beiden Staaten bedeutet den Ausverkauf Deutschlands. Die Preisgabe der Einheit bringt Profit, sie bildet die Grundlage für Wirtschaftswachstum und neuen Wohlstand. Der verlorene Krieg wird zum Gewinn, zur Ausgangssituation für neues, großes Geschäft:

> ...[die] doppelte Fälschung [der Staatsmänner] hatte Zukunft für sich. Bald machten sie alle Welt glauben, es gehöre der eine, der andere Staat ins eine, ins andere Siegerlager. So münzten sie einen verlorenen Krieg in einen gewinnträchtigen Doppelsieg um: zwei falsche Fuffziger zwar, doch klingende Münze.[28] (273)

Im zeitgeschichtlichen Zusammenhang ist der Maler Malskat also keine Einzelerscheinung, sondern kann als Mitglied eines Fälscher-trios, des "Triumvirats" (388) Adenauer, Malskat, Ulbricht gesehen werden, denn alle drei haben "aus bröckelndem Nichts das Alte...neu erschaffen" (388).

Allerdings unterscheidet sich Malskat von den beiden Politikern, denn er ist eigentlich kein Fälscher: "...er fälschte nie, sondern malte beidhändig gotisch fürwahr" (108). Er ist in der Lage, gotisch zu empfinden und die zeitliche Distanz zu dieser Epoche der Kunstge-schichte zu überspringen.[29] Seine Fähigkeit zum schöpferischen Nachempfinden ist konstruktiv, sie bedeutet einen Wiederaufbau, das Herstellen einer historischen Kontinuität: "So überbrückte er Jahrhun-derte, so wurde durch ihn des letzten Krieges zerstörende Wut zunichte, so triumphierte er über die Zeit" (272).

Im Gegensatz zu den staatsmännischen Fälschern signiert Mal-skat—versteckt, aber immerhin—seine Arbeit. Die Lübecker Kirchen-leitung bekommt massive Subventionen aus Bonn, er aber arbeitet für minimalen Stundenlohn. Während seiner Arbeit auf dem Gerüst ist er "allen Geschäften enthoben" (385). Gewinnstreben ist nicht sein Motiv. Schließlich bringt er den Betrug selbst zur Anzeige. Ironi-scherweise weigert man sich anfangs, seinen Enthüllungen Glauben zu schenken. Man ist an der Wahrheit nicht interessiert:

> Es war nun mal die Zeit des Zwinkerns, der Persilscheine und des schönen Scheins. Im Jahrzehnt der Unschuldslämmer und weißen Westen, der Mörder in Amt und Würden und christ-lichen Heuchler auf der Regierungsbank, wollte niemand dies oder das allzu genau wissen, gleich, was geschehen war. (392)

Es kommt zu einem Prozeß, in dessen Folge Malskat und sein Auftraggeber zu einer Gefängnisstrafe verurteilt werden. Die Wand-malereien werden abgewaschen.

Es ist auf einen letzten thematischen Zusammenhang zu verwei-sen, dabei wollen wir anmerken, daß Grass hier vor den Verände-rungen in der Sowjetunion und vor der deutschen Wiedervereinigung schreibt. Der Anschluß der östlichen und westlichen Besatzungszonen an das politische Lager der jeweiligen Besatzungsmächte und die daraus resultierende Teilung Deutschlands in zwei Staatsgebilde hatte schwerwiegende Auswirkungen. Durch Deutschland verlief die

Trennlinie zwischen den beiden Verteidigungsblöcken, es war damit
als Schauplatz vorbestimmt für einen möglichen kriegerischen Kon-
flikt, bei dem es in letzter Konsequenz keinen Sieger mehr geben
würde. Und so geht die abschließende Klage des Erzählers:

> Ach, hätte man seine Bilder, zumal er die Wahrheit ans Licht
> brachte, doch stehen lassen und den wahren Schwindel, der nie
> eingestanden wurde, die Machwerke der Staatsgründer außer
> Kraft gesetzt. Er, der sein Eingeständnis vor die Richter warf,
> kam hinter Gitter, die beiden Großfälscher hingegen konnten
> ungeschoren ihr böses Spiel Staat gegen Staat spielen, Lüge
> gegen Lüge setzen, Falschgeld gegen Falschgeld münzen und
> schon bald—während eilfertig Malskats gotisches Bildwerk zer-
> stört wurde—in Divisionen Soldaten, schon wieder deutsche
> Soldaten, gegeneinander ins Schußfeld rücken; und das, als
> Erbschaft der Greise, bis heute mit immer mehr Soldaten, mit
> immer genauerem Ziel, mit der geübten Absicht, es ganz und
> gar ausgehen zu lassen. (445)

KAPITEL 2: TECHNIKEN DER VERKNÜPFUNG

Die fünf Erzählstränge sind, wie man sehen konnte, unabhängig voneinander und durchaus eigenständig—mit eigenen Handlungsträgern und eigener Handlung—, und in dieser Hinsicht ganz wie die einzelnen Stimmen einer polyphonen Komposition. Trotz dieser Eigenständigkeit verbinden sich die Erzählstränge durchaus zur höheren Einheit des Romanganzen, und im folgenden soll untersucht werden, wie diese Verbindung zustande kommt, wie die Fäden der einzelnen Erzählungen miteinander verknüpft werden. Wir wollen dabei nicht jede einzelne Nahtstelle untersuchen, sondern es geht um die Typisierung der Verknüpfungsmechanismen, um die Darstellung der wichtigsten technischen Verfahrensweisen, die bei der Verwebung der Erzählstränge angewendet werden. Zu diesem Zweck genügen wenige repräsentative Beispiele, um einen Verknüpfungstyp zu illustrieren. Unsere Absicht ist also die rein formale Darstellung der verbindenden Elemente, nicht die Frage nach deren thematischen Aussage, nicht der inhaltliche Aspekt.

STILISTISCHE MITTEL

Beim Lesen als erstes erkennbar sind Techniken, die den Übergang von einem Erzählabschnitt zum anderen herstellen und den Wechsel weniger drastisch machen. Es sind stilistische Mittel, die auf spontan-assoziative Weise über die Textoberfläche eine Verbindung vollziehen.

Manchmal wird so eine Assoziationsbrücke durch das Aufgreifen eines einzigen Wortes vom vorhergehenden Erzählabschnitt hergestellt, wie bei dem folgenden Übergang von einem "Rättin"- zu einem "Märchenwald"-Abschnitt, der über den Begriff "Wald" vollzogen wird:

> Und jeden Herbst körbevoll Grünlinge und Maronen, Pfifferlinge und Braunkappen, weil in den Wäldern der Kaschubei die Pilze zuhauf standen....

Bei aller Skepsis: Dieser Wald ist immer noch heil. (279)

Die Assoziationsklammer kann auch über größere Distanz gespannt sein. Im folgenden Beispiel ist es der ganze letzte Absatz eines "Damroka"-Abschnitts, der den Übergang zu "Rättin" vorbereitet. Der letzte "Damroka" Absatz beginnt mit den Worten: "Noch muß der Meßhai nicht ausgefahren werden. Zeit bleibt für Geschichten". Und hier fängt Damroka mit ihrer Geschichte als Kirchenorganistin an, als sie in siebzehn Jahren elf Pfaffen überlebte (eine Anekdote, die uns bereits im Zusammenhang mit Ulla Witzlaff im *Butt* vertraut ist). Der nächste Erzählabschnitt beginnt dann mit der Stimme der Rättin: "Nein, sagt die Rättin, ...solche Vertällchens haben wir satt" (24). Und dann fährt sie mit der Erzählung ihrer eigenen Geschichte fort. Der Übergang ist in diesem Beispiel raffinierter gemacht: das Assoziationspaar steht in größerer Entfernung zueinander, und es wird auch nicht dasselbe Wort verwendet, sondern es sind zwei Synonyme—"Geschichten" und das plattdeutsche Dialektwort "Vertällchens".

Es gibt eine Fülle weiterer Beispiele für diese assoziativen Übergänge, und es gibt sie in vielen Variationen. Manchmal dienen Gedichte als Überleitung, wie in dem folgenden Wechsel von "Märchenwald" zu "Damroka". Die erste Strophe ist zunächst die Fortführung von "Märchenwald": "Immer noch liest die Großmutter aus dem Märchen / dem bösen Wolf aus dem Märchen / aus dem Wörterbuch vor". In der dritten und vierten Strophe erfolgt die Verknüpfung mit der Sage von Vineta, die zum Erzählmaterial von "Damroka" gehört:

Jetzt findet die Großmutter in Grimms Wörterbuch
...den Namen
der Stadt Vineta, in der die Vineter wohnten,
bis die See über die Stadt kam....

In der fünften und letzten Strophe erfolgt die eigentliche Assoziationsverklammerung zum nächsten "Damroka"-Abschnitt: "Läuten, Geläut, Glockengeläut, sagt die Großmutter / zum Wolf aus dem Märchen, hört man / bei Windstille über der glatten See". Der "Damroka"-Abschnitt beginnt dann so: "Nein, sie können nicht schlafen. Singsang, der nicht enden will, findet zu den Hängematten im Bugraum des ankernden Schiffes. Ihr sanften Aurelien...könnt singen" (287-88). Die akustischen Erscheinungen von Glockenläuten und Singsang der Quallen bilden hier die Assoziationsklammer.

Natürlich gibt es nicht immer diese assoziativen Übergänge zwischen den einzelnen Abschnitten der Erzählstränge. Oft sind die Wechsel auch ganz drastisch und übergangslos. Manchmal allerdings wird in diesen Fällen der übergangslose Wechsel etwas fließender gemacht, und zwar durch ein Stilmittel, das in der Ton- und Filmtechnik häufig verwendet wird: die Ausblendung. Als Beispiel hier das Ende eines "Matzerath"-Abschnitts: "Doch wie er noch am Urteilsspruch nörgelt und Malskat als eine ihm verwandte Seele begreift...vergeht mir mit seinem Museum unser Herr Matzerath..." (32). Die Ellipse bedeutet hier, auf syntaktischer Ebene, die Entsprechung zur filmischen oder tontechnischen Ausblendung.

Übrigens tritt die Ellipse, in Bezugnahme zum visuellen Medium Film, häufig auf in Verbindung mit dem erzählerischen Ort des Traumes: "Unser Herr Matzerath schweigt und vergeht mir. Anderes redet drein. Dieses Zischeln, Plaudern und fistelnde Eswareinmal...—das ist nicht mehr unser bucklicht Männlein, das ist sie, die Rättin, von der mir träumt..." (43). Auf den Themenkomplex Traum werden wir in Kapitel 5, in Zusammenhang mit der Erörterung des Filmischen, ausführlicher eingehen.

MOTIVISCHE VERKNÜPFUNGEN

Tiefer in die Struktur des Romans eingreifend als die oben erwähnten Assoziationsverbindungen, die auf der stilistischen Ebene vollzogen werden, ist die Verflechtung eines ganzen Arsenals von feststehenden Motiven in die verschiedenen Erzählstränge. Die strukturelle Bedeutung dieser Motive liegt in der beharrlichen Wiederholung, ihrem Auftauchen in verschiedenen Erzählsträngen und Zusammenhängen, dem "Aha!"-Erlebnis des Wiedererkennens durch den Leser. Das Netz der motivischen Verknüpfungen ist ausgesprochen dicht, und bildet ein Gerüst, das die Erzählstränge miteinander verbindet.

Die motivischen Verflechtungen erinnern dabei an die Verwendung von Leitmotiven in musikalischen Kompositionstechniken; auch hier sind die Motive kleine, leicht erkennbare Versatzstücke: eine Zahl, zum Beispiel, ein Gegenstand, eine Farbe, eine akustische Erscheinung.[30]

Die Motive haben durchaus auch thematische Funktion innerhalb des Romanganzen, sie gewinnen meist schon durch die beharrlichen Wiederholungen emblematisch-symbolische Bedeutung; wir wollen diesen Aspekt aber im vorliegenden Kapitel nicht berücksichtigen, es geht uns hier in erster Linie um die Untersuchung der Motive in ihrer formalen Funktion als Verbindungsglieder zwischen den Erzählsträngen.

Gehen wir nun einigen dieser Motivverästelungen nach. Ein einfaches Beispiel ist ein Motiv, das im ganzen Roman nur viermal auftaucht, das Wort "Sütterlinschrift". Zweimal ist dieses Motiv in Verbindung mit Oskar Matzerath zu finden (125, 488), und zweimal in Verbindung mit der Rättin (185, 186). Beide Erzählerfiguren haben diesen altmodischen Schriftzug.

Die Farbe "zinkgrün" (meist in Verbindung mit rot oder violett) begegnet uns zuerst im Vorspann des Ich-Erzählers; bei der Beschreibung der Weihnachtsfeier erwähnt er "scharlachrote und zinkgrüne Bänder"(9).[31] Die entlaufenen Kanzlerkinder in "Märchenwald", als Hänsel und Gretel unter den Punks, haben je eine "zinkgrün" und "violett" gefärbte Laborratte bei sich (82, 86). Auf der Fahrt zu den Grimmbrüdern sieht die Märchendelegation in Bonn einige Demonstranten, die wie "zinkgrüne Ratten" kostümiert sind (234). Als die Rättin von den Mutationen nach der nuklearen Katastrophe berichtet, beschreibt sie die Farbe der Ratten als "grün", und erwähnt auch weiß und scharlachrot gefiederte Spatzen und Tauben (208); später nennt sie die Farbe der Jungratten "zinkgrün" (361), und am Ende des Romans spricht sie von der Mutation der zinkgrünen Ratten zurück zur Farbe der Schwarzen Hausratte (502). Das Motiv "zinkgrün" verbindet also die Erzählstränge "Märchenwald" und "Rättin".

Häufig treten Motive kombiniert auf, wie das Doppelmotiv Quallensingen / Glockengeläut. Auf der Fahrt nach Vineta werden die Frauen auf der "Neuen Ilsebill" von einem unerklärlichen Tönen begleitet, dem Gesang der Ohrenquallen. In ihrer Erzählung vom

Untergang Vinetas erstellt Damroka eine Verbindung zwischen Quallengesang und dem Läuten der Glocken:

> Es soll sich die See vor der Sturmflut so unbewegt wie heute geglättet haben. Auch sagt man, es sei ein Quallenjahr gewesen und Gesang, wie von Engeln gesungen, habe überm Wasser gelegen.
>
> Übrigens soll die Sturmflut an einem Sonntag gekommen sein. Deshalb hört man bei Windstille heute noch Glockengeläut. (291-92)

Der gemeinsame Nenner, das Verbindungsglied zwischen Quallensingen und Glockengeläut ist also das Thema des Untergangs, die vergangene und kommende Katastrophe, die vom Gesang der Quallen angekündigt wird und und im Läuten der Glocken nachhallt.

Dieses Doppelmotiv wird in "Rättin" aufgenommen. Das Quallensingen wird mit dem Gesang der Ratten gleichgesetzt: "Es ließe sich aber auch...unser Tönen mit jenem Singsang vergleichen, den deine Frauen...als Gesang der Ohrenquallen gehört haben wollen..." (376).

Auch das Glockenläuten ist in diesem Erzählstrang zu finden, und zwar zweimal: bei der Ankunft der Watsoncricks (418, 424, 425) und bei ihrer Vernichtung (502).

Das Doppelmotiv Singsang / Glockenläuten ist also in "Damroka" und in "Rättin" mehrfach eingebaut, und an einer Stelle wird es zusätzlich in Verbindung gebracht mit der Kuckucksuhr der Großmutter in "Matzerath", und zwar in einem Traum des Ich-Erzählers: "Dann schlägt die Kuckucksuhr zwölfmal. Und nun gehen abermals die Watsoncricks unter Glockengeläut an Land" (422).

Zwei historische Begebenheiten, die meistens gemeinsam erwähnt werden und "Damroka" und "Rättin" verbinden, sind die Invasion der Goten in das Weichselmündungsgebiet zur Zeit der Völkerwanderung und der Durchzug des Heeres von Gustav Adolf, dem schwedischen König, durch Pommern während des Dreißigjährigen Krieges.

Zuerst werden diese beiden Episoden von Damroka erwähnt; in ihrer Version wurde die Anlandung beider Heere durch Quallenfelder erschwert (176-77). Dann tauchen diese Motive auf in dem Redeentwurf des Ich-Erzählers für die Nobelpreisnominierung der Ratten;

hier wird gesagt, daß an beiden Ereignissen Ratten teilgenommen haben (192). Knapp erwähnt werden beide Motive auch in dem Vortrag der Rättin zur Geschichte der Rattengattungen (224). Schließlich wird die Anlandung der Watsoncricks mit dem Durchzug der Goten verglichen (424), und etwas später auch mit der Invasion Gustav Adolfs (454).

Die beiden historischen Ereignisse tauchen also mehrmals auf, als feststehende Motive; zwar stehen sie in verschiedenen thematischen Zusammenhängen, aber immer—und das ist der Zweck der Darstellung des vorliegenden Kapitels—als motivische Versatzstücke.

Von den verschiedenen Schiffskatastrophen, die im Roman immer wieder erwähnt werden, wollen wir den Untergang der "Gustloff" und der "Cap Arcona" herausgreifen.

Die "Cap Arcona" war eines von drei Schiffen, die, mit tausenden von KZ Häftlingen an Bord, zu Ende des Krieges von britischen Kampfflugzeugen versenkt wurden. Auch die "Wilhelm Gustloff", mit Flüchtlingen vollgeladen, wurde in der letzten Phase des Krieges zerstört.

Beide Schiffe werden gleich zu Beginn des "Damroka"-Stranges erwähnt, in Zusammenhang mit der Geschichte des Forschungsschiffes (20). Später erzählt die Meereskundlerin vom Untergang der "Cap Arcona" und ihrem Schiffsverband (66). An die "Gustloff" erinnert sich auch Oskar in "Matzerath", im Zusammenhang mit Tulla Pokriefke, einer Gestalt, die in allen Büchern der *Danziger Trilogie* auftaucht (93). Beide Schiffe werden auch von der Rättin erwähnt, die eine ganze Reihe von Beispielen gibt, wie Ratten sinkende Schiffe verlassen haben (303, im selben Zusammenhang 456).

Teil des Motivgewebes im Roman sind auch die Geburtstagsgeschenke, die nach der nuklearen Katastrophe vom Häuschen Anna Koljaiczeks in den Besitz der Ratten wandern. Dazu gehören der Begriff Solidarnosc, in emblematischer Form als schmiedeeiserner Schriftzug (214, 297, 329, 356, 362, 484, 498, 503), und auch die Goldmünzensammlung (60, 150, 299, 309, 351, 355, 356). Das Motiv Goldmünzen ist auch an zwei Stellen in "Märchenwald" eingebaut (235, 248).

Das am häufigsten verwendete Motiv überhaupt sind die Plastikzwerge oder "Schlümpfe". Auch sie gehören zu Matzeraths Mitbringseln für Anna Koljaiczeks Geburtstagsfeier; sie werden später von den Ratten in die Danziger Marienkirche und dann von den Watsoncricks in das von ihnen eingerichtete Museum gebracht. Die Schlümpfe bilden einen ganzen Motivkomplex und sind ein gutes Beispiel dafür, wie im Roman Motive mit anderen Motiven kombiniert werden und ineinandergreifen und so ein Netz von Querverbindungen herstellen.

Die Spielzeugzwerge legen natürlich den Vergleich nahe zu den Sieben Zwergen in "Märchenwald", und an einer Stelle kommen die Märchenzwerge und ihre Nachbildungen aus Plastik zusammen, und zwar während des Besuchs der Märchendelegation bei den Grimmbrüdern in Bonn, als einer der Zwerge die Schlümpfe in Jacob Grimms Vitrine bestaunt (236).

Einhundertunddreißig ist die Zahl der Schlümpfe (165, 299), ebensoviele Punks sind es, unter die sich die entlaufenen Kanzlerkinder Hänsel und Gretel mischen (83). Es ist auch die Zahl der vom Rattenfänger entführten Kinder von Hameln (59, 291, 410, 440) und der urchristlichen Ratten, die während der posthumanen Glaubenskriege gekreuzigt werden (333).

Nachdem gleich zu Beginn die fünf Finger der Rättin hervorgehoben werden (7), wird mehrmals erwähnt, daß die Schlümpfe nur vier Finger haben (316, 356, 358), ebenso wie die Watsoncricks (495).

Ein weiteres Motiv ist auch die Sprache der Schlümpfe, das "Schlumpfdeutsch" (359). In "Märchenwald" wird ein Buch von Jacob Grimm mit dem Titel: "Schlumpfdeutsch" erwähnt, das am Beispiel der Kunststoffsprache der Schlümpfe "den allgemeinen Sprachverfall, die Verkrautung einst blühender Wortfelder und den Niedergang des Schriftdeutsch" belegt (122).[32] Ein Beispiel für "Schlumpfdeutsch" ist sicher die anglisierte Schülersprache von Hänsel und den Zwergen, die an einer Stelle "Äktschen pließ!" rufen (239). Auch die Watsoncricks sprechen Schlumpfdeutsch (430), und in einer "zweiten Lautverschiebung" übernehmen die Ratten ebenfalls diese Sprache (479).

Ebenso wie der Kanzler in "Märchenwald" (56) und die Politiker kurz vor Ultimo in der Erzählung der Rättin (70, 78) grinsen auch

die Schlümpfe (311, 359). Das rätselhafte Lächeln der Bischöfe in
"Märchenwald" (405) gehört hier wohl auch erwähnt.

Das Leitmotiv des "Märchenwald"-Kanzlers ist das Verschlingen
von Buttercremetorte (51, 242, 285-86, 437); auch einige der
Schlümpfe stellen diese Tätigkeit dar (311).

Der Baumkuchen, den Oskar Matzerath zur Geburtstagsfeier
mitbringt, hat eine genau spezifizierte Höhe: vierundneunzig Zenti-
meter (166, 298). Das ist natürlich die Größe des kleinen Oskar in
der *Blechtrommel*; auch die Watsoncricks werden beschrieben als
"knapp meterhoch" (456), von der "Größe eines dreijährigen Knaben" (418). Die menschlichen Opfer der Neutronenbombe sind auf
"Zwergenmaß" geschrumpft (172, 211), und Matzerath, den die
Ratten unter den Röcken der Großmutter entdecken, ist "wieder zum
Winzling" geworden (355).

DIE ÄUßERE FORM DER ERZÄHLSTRÄNGE

Trotz ihrer Eigenständigkeit weisen die Erzählstränge Parallelen
auf im äußeren Handlungsverlauf. In allen Erzählsträngen—nur
"Malskat" ist hier eine Ausnahme—dreht es sich um Untergänge, alle
kulminieren in einer Katastrophe. In "Rättin" wird die Vernichtung
sogar wiederholt, es gibt zwei Untergänge, die das Ende der humanen und der neohumanen Phase markieren. In "Rättin", "Damroka" und "Matzerath" ist die Katastrophe dasselbe Ereignis: die
nukleare Zerstörung der Welt, die Vernichtung der Menschheit. In
"Märchenwald" findet der entsprechende Untergang statt, nämlich die
Vernichtung der Märchenwelt.

In allen Fällen endet der Erzählstrang jedoch nicht mit der Katastrophe, es gibt einen Anhang, der den Untergang gewissermaßen
zurücknimmt und das Ende zweideutig macht. Nach seinem Vergehen
in den nuklearen Strahlungswellen kehrt Oskar Matzerath, zwar leicht
lädiert, aus Polen zurück und mischt sich wieder in den Erzählvorgang ein. Auch Damroka, die mitsamt ihrer Besatzung Opfer der
nuklearen Explosionen geworden war, meldet brieflich ihre wohlbehaltene Rückkehr, und nimmt an Matzeraths Geburtstagsfeier teil.

In "Märchenwald" wird die Zerstörung durch den rückgewen-
deten Schluß, durch die Rettung von Hänsel und Gretel in die Schein-
idylle des Landes "Eswareinmal" auf formaler Ebene wieder zurück-
genommen. Selbst im Erzählstrang "Rättin", der doch mit dem
endgültigen Untergang alles Menschlichen und dem Verfall der
Überreste menschlicher Kultur endet, ist es zweideutig. Vielleicht ist
es nur ein Alptraum: "Trotzdem...bleibt Hoffnung genug, daß nicht
ihr geträumten Ratten, sondern in Wirklichkeit wir..." (504), sagt der
Erzähler zum Schluß.

Wir wollen es auch hier bei der formalen Beschreibung bewenden
lassen und der Zweideutigkeit, dem Zurücknehmen der Katastrophe
nicht weiter nachgehen.

DAS EINMÜNDEN IN EINEN ANDEREN ERZÄHLSTRANG

In "Damroka" und "Matzerath" kommt es nach Ultimo zu einer
Gabelung des Erzählstrangs, und je ein Zweig mündet in "Rättin"
ein. Die Ratten finden die geschrumpfte Leiche Oskars unter den
Röcken der Großmutter, und beider Überreste werden in die Danziger Marienkirche überführt und dort angebetet.

Die Watsoncricks in "Rättin" haben ihren Ursprung in
"Damroka". Bei der Demonstration gegen Tierversuche, an der die
Frauen teilnehmen, werden sie aus dem Forschungsinstitut befreit; sie
verstecken sich auf der Neuen Ilsebill, und kommen nach Ultimo auf
diesem Schiff in Danzig an. Im zwölften Kapitel wird die Erzählfigur
Rättin sogar zur Watsoncrick Damroka.

Zu erwähnen ist auch das momentane Überlaufen von "Märchenwald" in den "Rättin"-Strang, als die entlaufenen Kanzlerkinder
Hänsel und Gretel plötzlich bei den rattenversessenen Punks auftauchen. Übrigens sind die Namen Hans und Gret auch bei einer späteren Version der Hamelngeschichte zu finden (440).

DIE ÜBERSCHNEIDUNG DER THEMENKREISE

Zum Schluß dieses Kapitels müssen wir als verbindendes Element zwischen den Erzählsträngen auch die Bezogenheit des thematischen Materials, die Überschneidung der Themenkreise erwähnen. Da wir im vierten Teil eine ausführliche Zusammenfassung des thematischen Materials geben werden, genügt hier ein kanz knapper Abriß.

Die Hauptthemen in "Rättin" sind Genmanipulation und die nukleare Vernichtung der Welt, beide Resultat der selbstzerstörerischen Sinnlosigkeit technischen Fortschritts. In "Märchenwald" und "Damroka" ist es das Thema Umwelt, die Zerstörung der Natur—Waldsterben, Verquallung der Ostsee—als die Kehrseite der industriellen Zivilisation. In Bezug zur Thematik in "Rättin" kann man die Zerstörung des ökologischen Gleichgewichts als Vorstufe der totalen Vernichtung der Erde ansehen. Das Frauenthema in "Damroka" findet übrigens ein Echo in der Gleichberechtigung der Geschlechter bei den Watsoncricks in "Rättin".

Wenn "Rättin" eine Vorschau in die Zukunft ist, und "Damroka" und "Märchenwald" den gegenwärtigen Zustand darstellen, dann sind "Matzerath" und "Malskat" als Rückschau in die Epoche der *Blechtrommel* und in die Zeit der fünfziger Jahre zu sehen. Diese beiden Erzählstränge liefern die Vorgeschichte, die historische Erklärung, wie es zu der Entwicklung zur Katastrophe hin kam; sie geben einen historischen Kontext. Die Teilung Deutschlands repräsentiert im Kleinen die Trennung der Welt in zwei sich feindlich gegenüberstehende Machtblöcke, und diese Polarisierung schafft die Ausgangssituation für die endgültige, endzeitliche Katastrophe.

Ein weiterer Aspekt der Verknüpfung ist die Auseinandersetzung der Erzählerfiguren und die Gegenwart des Erzählvorgangs. Diese Gesichtspunkte werden wir im zweiten Teil unserer Untersuchung erörtern.

ANMERKUNGEN

1. Um den Argumentationsgang nicht dauernd zu unterbrechen, werden die meisten der Zitate als Anmerkungen gegeben. Diese und alle folgenden Textbezüge aus Günter Grass, *Die Rättin* (Darmstadt und Neuwied: Luchterhand, 1986).

> Offensichtlich, der Mensch gab sich auf. Er, dessen Kopf sich all das ausgedacht hatte; er, dessen Gedanken bis dahin Gestalt angenommen hatten; er, bisher stolz auf seinen Kopf und dessen Siege über Finsternis und Aberglaube, Dunkelmänner und Hexenwahn; er, dessen Geist zahllose Bücher gewichtig gemacht hatte—er wollte fortan auf seinen Kopf verzichten und nur noch Gefühlen folgen, obgleich im Humanen mehr noch als der Instinkt das Gefühl unterentwickelt war. (71)

2.

> Unsere Gebete sind mit Sehnsüchten überladen. Etwas Höheres, das nicht, noch nicht zu haben ist...schwebt uns wie greifbar vor... (377).

3.

> Ihre Aufzucht ist folgsam. Von jung an lernen sie, durch Handheben sich abzustimmen. Sie wollen nichts übers Knie brechen und legen auf gute Nachbarschaft wert. Neutralität ist ihnen eingeboren. Wohltuend skandinavisch benehmen sie sich, als wäre ihnen gentechnisch ein gewisses sozialdemokratisches Verhalten vermittelt worden... (429).

4.

> ...wir, das Fußvolk seiner Delirien, wir, seiner Ängste Modell. Deshalb hat sich der Mensch von uns mit Wörtern Bilder gemacht. Die Rattenpest fürchtete, den Rattenfraß verfluchte er. Wir, das Böse an sich, in den Schreckenskammern seiner hintersten Gedanken waren wir gegenwärtig. Wir, die wir alles, was ihm als Schleim oder in Stücken abging, seinen Kot, seine säuernden Reste, alles was er erbrach, sobald ihn Elend würgte, wegräumten, ohne Umstand verputzten und ihm, dem Empfindsamen, aus dem Blick schafften, wir, seiner Kotze froh, waren ihm ekelhaft. ...wir verkörperten Ekel. (119)

5.

Wie oft haben wir uns gefragt: Warum? Doch seit dem Großen
Knall wissen wir, wie euer Mangel hieß. Euch fehlte die
Angst, sagte die Rättin.... Zwar ist der Mensch aus ungezählt
vielen Anlässen ängstlich gewesen und hat sich gegen alles,
sogar gegen Schlechtwetter und Ehebruch versichert, auf daß
die Menschheit immer süchtiger nach Rundumversicherungen
wurde, doch die große Angst hatte sich, während Kleinängste
blühten und ihr schnelles Geschäft machten, sozusagen verkrü-
melt. Vor dem Altar des Gottes Sicherheit habt ihr einander
zugerufen: Nun müssen wir keine Angst mehr haben. Wir
lassen uns nicht verängstigen. Wir schrecken einander ab. Vor
allem muß Abschreckung glaubhaft sein. Das weiß der Russe,
der Ami weiß das. Je mehr wir uns abschrecken, um so siche-
rer sind wir. (167)

6.

Unfrei, Gefangene umfassender Technik seid ihr gewesen, die
alles, die letzten Zweifel gespeichert unter Verschluß nahm, so
daß ihr am Ende von Verantwortung frei getilgt wurdet. Ihr
Narren! Die letzten Reste Vernunft wie Käsebröcklein an nim-
mersatte Computer verfüttert, damit sie die Verantwortung
trügen; und hattet dennoch dreimal geleugnete, verschnürte, zu-
tiefst verpackte, in euch begrabene Angst, die nicht raus, sich
nicht zeigen, nicht Mama! schreien durfte. (168)

7.

Man hätte nur nachlesen müssen, zum Beispiel im ersten Buch
Mose—Und Gott der Herr sprach, siehe, Adam ist worden als
unser einer, und weiß was gut und böse ist—um zu erkennen,
welch faule Frucht euer Baum der Erkenntnis getragen hat.
Ach, ihr gottähnlichen Narren! (184)

8.

...[die Menschen] [hatten sich] mehrere verzögerte, mittel- bis
langfristig programmierte Untergänge offengehalten.... Zum
Beispiel vollzog sich fortgeschritten, doch nicht gründlich zu
Ende gedacht, die Vergiftung der Elemente....
...wir witterten mit Sorge, was der Mensch Flüssen und
Meeren zusetzte, was alles er der Luft beizumengen bereit war,
wie tatenlos klagend er seine Wälder bergab sterben ließ. (275)

9.

Eine weitere Spielart des Untergangs wurde vom Menschengeschlecht als Überbevölkerung ausgetragen. Besonders dort, wo
sie arm waren, legten die Menschen wert darauf, immer mehr
zu werden, als wollten sie Armut durch Kindersegen aufheben;
ihr letzter Papst war ein reisender Fürsprecher dieser Methode.
So wurde der Hungertod gottgefällig und schrieb sich nicht nur
statistisch fort. Sie fraßen einander das knappe Futter weg.
(276)

10.

Warum, rief die Rättin, wurden die Menschen nicht satt, wenn
es uns Ratten doch reichte? Weil sich Überfluß hier aus Mangel anderswo speiste. Weil sie, um Preise zu halten, Angebote
verknappten. Weil ein geringer Teil des Menschengeschlechts
vom Hunger des Großteils lebte.... Ihre verfluchte Mangelwirt-
schaft. (276-77)

11.

Hast du noch immer nicht bemerkt, ...daß uns euer humanes
Ich und desse Sterblichkeit unbekannt ist, weil unser Ich sich
aus ungezählten Rattenleben bildet und so den Tod aufhebt?
(228)

12. Günter Grass, *Die Blechtrommel* (Darmstadt und Neuwied:
Luchterhand, 1959) 11.

13.

He Butt! Du hast uns angeschissen. Nichts hat sich geändert.
Immer noch sind die Herren am Drücker. Sie, nur sie haben
das Sagen, wenn es auch immer schneller bergab geht. - Und
wir haben damals gedacht: jetzt kommt sie, die Frauensache,
die kluge Herrschaft der Weiber. - War ne Fehlanzeige. (65)

14.

...überall...waren streitbare Frauen gefragt, die in Luxemburg
gegen Dioxin in der Muttermilch kämpften, auf der Insel
Stromboli das rabiate Leerfischen des Mittelmeeres beklagten,
im Schwarzwald das Waldsterben thematisierten und an beiden
Ufern der Unterelbe die Ballung von Atomkraftwerken an-
prangerten. (38)

15.

Und dennoch war ihr in Wörtern erfolgreicher Kampf vergeblich; denn die Wälder hörten nicht auf zu sterben, weiterhin sickerte Gift, niemand wußte wohin mit dem Müll, und dem Mittelmeer wurden mit zu engen Netzen die letzten Fische abgefangen. (38)

16.

Jetzt...seitdem sich in Wäldern und Flüssen, auf flachem, im bergigen Land, in Manifesten und Gebeten, auf Transparenten und im Kleingedruckten sogar, in unseren leerspekulierten Köpfen abzeichnet, daß uns der Faden ausgehen könnte, jetzt, seitdem das Ende von Tag zu Tag vertagt wird, sind Frauen strickend die letzte Gegenkraft, während die Männer nur alles zerreden und nichts fertigbringen, das den frierenden Menschen wärmen könnte—und seien es Pulswärmer nur. (41)

17.

Der Auftrag ist vorgeschrieben: Punktuell muß die Quallendichte der westlichen Ostsee vermessen werden, denn die Verquallung des baltischen Meeres nimmt nicht nur statistisch zu. (...) Natürlich sollen nicht die Ursachen der Verquallung erforscht werden, einzig die Fluktuation der Bestände. Natürlich weiß man schon jetzt, daß die Meßdaten schlimm sein werden. (22)

18.

...zeitweilig haben mich Frauen mit ihren Gefühlen versorgt: die eine zärtlich, als meinte sie sich, die andere heftig und ohne Geduld, die dritte bei Gelegenheit, die vierte blieb unverzagt, die fünfte ergriff mich umfassend bis heute: Damroka...(395-96).

19.

Sicher, es geht um den Kurs, doch unterschwellig führen die Frauen privaten und nicht verjährten Streit mit sich, der mehrstöckig und verschachtelt zu sein scheint. (...) So nah sich alle fünf sind, und so leichthin sie bei Schönwetter einander Schwestern nennen, kommt etwas quer, stoßen und reiben sie sich. Zu viele Königinnen.... Haß züngelt.... Wie man so sagt: Sie können nicht miteinander. (174)

20.

Es ist ja nicht so, daß die Kaschubei nur Hinterland, eine vom großen Geschehen vergessene Provinz, jene gehügelte Beschränktheit hinter den Sieben Bergen ist, die sich selbst genügt. Anna Koljaiczeks kaschubisches Kraut wuchert weltweit. (215)

21.

Ach, Babka, schlimm sieht es in der Welt aus. Die Menschen wollen sich zugrunde richten. Sie sind der Vernichtung alles Lebendigen mächtig. Überall Vorzeichen: böse Zeit bricht an, wenn nicht heute, dann morgen. (300)

22.

...Überall, wo sich Erwerbssinn regt, die Marktlücke entdeckt ist, der Bedarf gekitzelt wird und sich das Bruttosozialprodukt zu steigern verspricht, sind hier säende, dort tröpfelnde Kräfte subversiv tätig, keine Ritze im System bleibt unbedacht. Selten wurde das Getriebe der freien Marktwirtschaft aufmerksamer gewartet. (368)

23.

Unwiderstehlich nimmt die Natur überhand. Kein Verkehr mehr in keine Richtung. Kein Rauch aus Schornsteinen. Keine Abgase, dicke Luft. Die anfangs erschreckten Menschen sind plötzlich lustig und haben Zeit. Zwischen stillgelegten Produktionsanlagen, die sich zu botanischen Gärten auswuchsen, und auf übergrünten Autobahnen schlendern Grüppchen und Gruppen. Einzelne pflücken hier Blumen, entdecken dort sündhaft süße Früchte. Jungen und Mädchen klettern an rankenden Pflanzen hoch. Liebespaare hausen in Riesenerdbeeren. Überall lädt diese Frucht zu hintersinnigen Spielen ein. Offen steht allen der Garten der Lüste. (369)

24. Bei Grass ist das nicht nur ein Merkmal der westlichen privat- und monopolkapitalistischen, sondern auch der sozialistischen Staaten. Er spricht vom "Staatskapitalismus leninistischer Prägung". Günter Grass, "Plädoyer für eine Revision des Godesberger Programms", *Widerstand lernen—Politische Gegenreden 1980-1983* (Darmstadt und Neuwied: Luchterhand, 1984) 71.

25.

...nebenbei werden aus Vorzeiten verschleppte Spannungen
deutlich: die Bösen Feen können schnippische Bemerkungen,
die den Guten Feen gelten, nicht unterdrücken. Das Tapfere
Schneiderlein sucht Streit mit den Wilden Männern. Überall
wuseln zänkisch Zwerge und Schrate. Die Hexe und die Böse
Stiefmutter stechen einander mit Blicken ab. Rübezahl hat Frau
Holle beleidigt. Rotkäppchen versucht, Hänsel anzumachen.
(400)

26.

(Es) soll herausgefunden werden, weshalb Malskats Begabung,
trotz schlechter Bezahlung fürwahr gotisch zu sein, damals zeit-
gemäß war und einem Grundbedürfnis, der allgemeinen
Gestimmtheit zur Fälschung entsprach. (...)
    Denn die Jahre nach dem Zweiten Weltkrieg taten in
Deutschland so, als wäre ihren Vorjahren ein böser Traum
widerfahren, etwas Unwirkliches, das man aussparen müsse,
damit es nicht Alpträume mache. (80)

27.

Die Zwiemacht aus Zwietracht.
Zwiefach die eine Lüge getischt.
Hier und da auf alte Zeitung
neue Tapeten geleimt.
Was gemeinsam lastet, hebt sich
als Zahlenspiel auf, ist von statistischem Wert;
die Endsummen abgerundet.

Hausputz im Doppelhaus.
Ein wenig Scham für besonderen Anlaß
und schnell die Straßenschilder vertauscht.
Was ins Gedächtnis ragt, wird planiert.
Haltbar verpackt die Schuld
und als Erbe den Kindern vermacht.
Nur was ist, soll sein und nicht mehr, was war. (274-75)

28. Und im Gedicht heißt es:
So trägt sich ins Handelsregister
doppelte Unschuld ein, denn selbst der Gegensatz
taugt zum Geschäft. Über die Grenze
spiegelt die Fälschung sich: täuschend vertuscht,
echter als echt und Überschüsse zuhauf. (275)

29.

> ...feststeht, daß er hoch oben im Gerüst der Gegenwart ent-
> hoben war und eine Freiheit gewann, die ihm beim Setzen der
> Konturen gotische Empfindungen erlaubte. (...) Nichts wog die
> Zeit. Nur ein Sprung und ein Moment inbrünstiger Rückbesin-
> nung war ihm die Spanne von siebenhundert Jahren. (271)

30. Hanspeter Brode hat bereits im Zusammenhang mit der *Danziger Trilogie* auf Grass' leitmotivartige Verfahrensweise hinge-wiesen und die Verbindung zu Thomas Mann und Richard Wagner nahegelegt. "< Daß du nicht enden kannst, das macht dich groß: > Zur erzählerischen Kontinuität im Werk von Günter Grass", *Günter Grass: Auskunft für Leser*, Hrsg. Franz Josef Görtz (Darmstadt und Neuwied: Luchterhand, 1984) 80-81.

31. Diese Farbe scheint eine besondere Relevanz für Grass zu haben, man denke an Veronika Lewands zinkgrüne Strumpfhosen in *Örtlich betäubt*.

32. Die Formulierung ist interessant, nebenbei erwähnt, und verweist auf die Beschreibung des ökologischen Zustands der Ostsee: "...durch Algen verkrautet...." (23); wir haben hier eine Verbindung zum Themenkomplex Umwelt.

TEIL II: FORM ALS VORGANG

Nachdem wir uns durch die Oberfläche durchgearbeitet haben, kommen wir jetzt zum zweiten Stratum der Struktur: dem dynamischen Aspekt der Form. Hier zeigt sich die Form nicht als Resultat, nicht als Endstufe, nicht abgeschlossen, sondern als werdende, als offene Form, im Zustand der Entstehung, in einer Phase der Ausarbeitung—die Form als Vorgang.

In Kapitel 3 gehen wir den drei Erzählerfiguren nach und beschreiben den Vorgang der jeweiligen Erzählstränge als Auseinandersetzung zwischen den Erzählern, als Entwicklung aus dialogischen Erzählerkonstellationen. Dann zeigen wir, wie die Erzähler die Grenzen der ihnen zugewiesenen Erzählstränge überschreiten, wie der Roman als Ganzes als gemeinsames Arbeitsprojekt der Erzählfiguren dargestellt wird, wie die Erzählerperspektiven überlagert werden und der Erzählvorgang sich kontrapunktisch entwickelt.

In Kapitel 4 verfolgen wir dann die Widersprüche der Erzähler, ihre Unzuverlässigkeit—den spielerischen, ironischen Aspekt der Form—, und die Motivvermischungen, die sie verursachen—die assoziative, freie, improvisatorische Dimension des Erzählvorgangs.

KAPITEL 3: DIE ERZÄHLERFIGUREN

Bevor wir uns dem Erzählvorgang zuwenden, eine Bemerkung zu den drei Erzählern. Die erzählende Hauptfigur des Romans ist das auktoriale Ich. Es ist ein Erzählertypus, den Grass zum ersten Mal in *Aus dem Tagebuch einer Schnecke* eingeführt und dann in allen folgenden Büchern, und besonders eigenwillig im *Butt* eingesetzt hat. Der Ich-Erzähler gibt sich als Autor aus, oder auch umgekehrt, der Autor macht sich zur Romanfigur; Grass selbst spricht von der Korrespondenz von fiktivem Ich zum Autoren-Ich.[1] Gleich im ersten Satz begegnet uns der Erzähler in der *Rättin* in der Pose des Autors ("Zu Weihnachten wünschte ich eine Ratte mir, hoffte ich doch auf Reizwörter für ein Gedicht, das von der Erziehung des Menschengeschlechts handelt". 7) Wie wir zeigen werden, wird der Vorgang der Form in einem sechsten Erzählstrang sogar als Reflexion des Schreibvorgangs dargestellt.

Die beiden anderen Erzählerfiguren, die Rättin und Oskar Matzerath, spielen das dialogische Gegenüber zum erzählenden Ich; bis auf "Damroka" entwickeln sich alle Erzählstränge aus einer dialogischen Erzählsituation. In thematischer Hinsicht ist die Rolle der Rättin leicht erkennbar, sie hat eine klare didaktische Funktion: aus zeitlicher, aber auch biologischer Distanz wird eine umfassende Kritik der Menschheit ermöglicht. Die Rolle von Matzerath ist weniger eindeutig. Einerseits ist er Videoproduzent mit didaktischem Anliegen, ein aufklärerischer Bundesgenosse der Autorenfigur (dem einen geht es mehr um das Thema Waldsterben, dem anderen mehr um die Entlarvung der falschen Fünfziger Jahre). Andererseits wird sein Idealismus durch seine Vergangenheit als Pornoproduzent in Frage gestellt; Matzerath ist sehr materialistisch orientiert, vor den kaschubischen Verwandten stellt er seinen Wohlstand großkariert zur Schau, und er ist ein münzensammelnder Goldfetischist. Ein westdeutscher Unternehmer und den Fünfziger Jahren verhaftet ist er die Personifizierung des Wirtschaftswunders—ein Vertreter der kapitalistischen, wachstumsorientierten Welt, die der Erzähler für das Waldsterben in "Märchenwald" verantwortlich macht, und die überhaupt ein Ziel der Kritik dieses Romans ist. Die Rolle Matzeraths vereinigt also zwei sich widersprechende thematische Funktionen. Dieser Widerspruch bedeutet nicht etwa einen Fehler in der Gesamtkonzeption. Matzerath hat keine Tiefe im Sinne eines vollentwickelten eigenständigen Romancharakters; er ist kein Romancharakter, sondern nur Folie, ein Reflektor, durch den das Autoren-Ich sich dialogisiert und also dramatisiert—der Roman spielt sich, wie wir sehen werden, im Kopf der Autorenfigur ab. All das ist völlig legitim und Teil dieser besonderen Art von offener Romanform, die zwar sehr durchgeformt, aber nicht ausgeformt, die durchdacht aber nicht zu Ende gedacht ist, Entwicklung und nicht Resultat, Vorläufigkeit und nicht Vollendung darstellt. Solche Unstimmigkeiten wie die thematische Zweiseitigkeit von Matzerath tragen bei zum Spielcharakter und zur ironischen Wirkung der Form.

DIE RÄTTIN UND DER ICH-ERZÄHLER

Der Roman beginnt mit einem kurzen Vorspann, mit der Schilderung einer Weihnachtsfeier und dem Bericht eines unerwartet erfüllten, ungewöhnlichen Wunsches: der Ratte unterm Weihnachtsbaum.

Die Ratte im Käfig—"Meine Weihnachtsratte. Wie anders soll ich sie nennen?" (9)—wird nun zum Gegenüber des Ich-Erzählers: "Sie mir danebengesetzt. Ihre Witterhaare nehmen mich wahr". (9) Der Erzählstrang "Rättin" entwickelt sich so in dialogischer Auseinandersetzung der beiden Erzählerfiguren.[2] Die Weihnachtsratte erscheint dem Ich-Erzähler im Traum[3]; als Rättin, stellvertretend für ihre Gattung, als Ratte an sich sozusagen, besteht sie—gegen die Einwände des Ich-Erzählers—auf eine andere, schreckliche Wirklichkeit, in der sich die schlimmsten Befürchtungen für die Zukunft der Menschheit bereits bewahrheitet haben: das Ende der Menschheit hat stattgefunden.[4]

Wie die Rättin nun die Geschichte ihrer Gattung erzählt, und Bericht gibt von der Schlußphase der Menschheit und der posthumanen Entwicklung nach dem Großen Knall, legt der Ich-Erzähler immer wieder Einspruch ein, wehrt er sich gegen diese Alpträume, weigert er sich, die von der Rättin dargestellte Realität zu akzeptieren. In Einwürfen beschwört er die eigene Wirklichkeit: das menschlich Alltägliche und die Tatsache des Erzählvorgangs selbst, des Romans als Arbeitsprojekt. Dabei versucht er, seine Realität durch das Fortschreiten der Zeit, durch das, was noch nicht ist, was zukünftig sein soll, zu beweisen:

> Nein, Rättin, nein! schrie ich. Noch gibt es uns tätig. Zukünftig sind Termine gesetzt, vom Finanzamt, beim Zahnarzt zum Beispiel. Es sind die Ferienflüge vorausgebucht. Morgen ist Mittwoch und übermorgen... Auch steht mir ein bucklicht Männlein im Wege, das sagt: Es müsse dies noch und das niedergeschrieben werden, damit unser Ende, sollte es kommen, vorbedacht sich ereigne. (15-16)

Der Ich-Erzähler gibt seinen Widerstand nie völlig auf, er kämpft um den Fortbestand seiner Welt, bis er sich am Schluß des Erzählstrangs nur noch an die hypothetische Wahrscheinlichkeit des Konjunktivs klammern kann: "Mein übliches Nein. Es könnte doch sein, Rättin, ich bitte dich, daß wir mit letzter Hoffnung..." (504).

Aber trotz seiner Widerstände ist der Ich-Erzähler der Rättin im Traum ausgeliefert. Er ist "gefangen in einer Raumkapsel" (73), ohne Einfluß auf den Kurs, und muß den Darstellungen der Rättin auf seinem Bildschirm folgen. Ihm wird die Perspektive dieser anderen Wirklichkeit aufgezwungen.[5]

Trotz der grundsätzlichen Opposition der Standpunkte—dem Ausgeliefertsein des Ich-Erzählers und seiner beständigen Weigerung zu resignieren, sich der von der Rättin dargestellten Realität auszuliefern—kommt es zu einer Annäherung zwischen den beiden Erzählerfiguren, entwickelt sich ein Verhältnis.

Zu Beginn schwankt der Tonfall der Rättin zwischen Mitleid und erbitterter Abneigung: "Mal fistelt sie bedauernd, als wolle sie jüngste Würfe lehren, uns nachzutrauern, mal höhnt ihr Rattenwelsch, als wirke Haß auf unsereiner nach... (10). Bald wird ihre Anrede vertraut-herablassend: 'Sie sagte Freund zu mir, später auch Freundchen' " (35).

Später wird sie noch intimer: "Mich reizten ihre vertraulichen Anreden—Paps, guter alter Paps, sagte sie..." (209). Auf derselben Seite findet sich auch "Alterchen".

Die Anredeform der Rättin spiegelt den Verlauf der Geschichte. In der posthumanen Phase, als der Ich-Erzähler in seiner Raumkapsel als einziger menschlicher Überlebender Gegenstand der Anbetung wird, verändert sich auch der Tonfall der Rättin. Sie beginnt, den Ich-Erzähler respektvoll-zärtlich mit "Herrchen" anzureden (351).

Auch der Ich-Erzähler entwickelt der Rättin gegenüber freundschaftliche Gefühle. Als die Rättin die Gesundheitsschäden vom "Propfendienst"—bei dem Ratten die unterirdischen Gänge mit ihren Körpern gegen die nukleare Bestrahlung abdichten—am eigenen Leib aufzeigt, ist er aufs Äußerste besorgt. Er braucht die Rättin als Gegenüber:

> Rättin! schrie ich. Du stirbst mir weg....
> Ich werde in meiner Raumkapsel allein, verdammt allein ohne
> dich sein....
> (...)
> Sei wieder heil, Rättin, ich bitte dich! (228)

Und als die Rättin die trostlose Einsamkeit nach dem Großen Knall beklagt, spendet er Trost und beschwört Gemeinsamkeit.[6]

Der Ich-Erzähler läßt sich durchaus auf den Traum und auf die von der Rättin dargestellte Wirklichkeit ein. Bereits am Ende des zweiten Kapitels sagt er:

> Ich widersprach nicht mehr. Meine Raumkapsel wurde mir
> immer wohnlicher. Warum sollte ich weiterhin Erde! Ant-
> worten Erde! rufen? Ich spielte mit mir unbegreiflichen
> Knöpfen, Schaltern und sonstigen Instrumenten, kam auch zu
> ablenkenden Bildern, die einander mutwillig löschten, ver-
> gnügte mich an den Albernheiten dieser Einblendungen, glaubte
> gut zu träumen und hörte dennoch der Rättin zu, schon einver-
> standen. (75)

Ab dem achten Kapitel (304) wird er zum gleichberechtigten Gesprächspartner.

Der Ich-Erzähler greift auch aktiv in den Erzählvorgang ein. Aus seiner Gegenwart heraus bereitet er die Zukunft des Erzählvorgangs—die neohumane Phase am Ende des Erzählstrangs—mit vor. Dies ist sicher eine Funktion seiner im Übrigen sehr satirischen Reden vor der schwedischen Akademie (189) und vor dem Bundestag (241).

In seiner Laudatio zur hypothetisch projizierten Verleihung des Nobelpreises an die Ratten "für Verdienste auf dem Gebiet der Gen-Forschung" (190)—als Versuchsobjekte der neuzeitlichen wissenschaftlichen Hexenküche ist diese Assoziation durchaus naheliegend, die Vorstellung Laborratte leitet über zum Thema Genmanipulation—stellt er die Kreuzung von Mensch und Ratte in den Bereich möglicher Zukunft. Die weitere Entwicklung des Erzählstrangs wird hier bereits angedeutet, der Ich-Erzähler macht die Watsoncricks auch von seiner Perspektive her möglich.[7]

In seiner Traumrede vor dem Bundestag zu Beginn des siebten Kapitels setzt sich der Ich-Erzähler für die Verwendung der Neutronenbombe ein, zur Wahrnehmung "kultursichernder Aufgaben" (243). Die "Schonbombe" (244) läßt alles anorganische Material unbeschädigt und bietet die Möglichkeit, Kulturdenkmäler vor der nuklearen Zerstörung zu bewahren. Er verlangt ein Abkommen zwischen den Weltmächten zur Errichtung von "Schonzonen", Zielgebieten für die Neutronenbombe für Städte mit besonderer kulturgeschichtlicher Bedeutung: "Dem Gleichgewicht des Schreckens muß ein Gleichgewicht der Schonung entsprechen" (244). Und abschließend ist ihm auch die durch die nuklearen Staubstürme nach dem "Großen Knall" zu erwartende Verrußung der Fassaden ein besonderes Anliegen. Die posthumane Szenerie des Erzählstrangs "Rättin", die unbeschädigte Kulisse der alten Stadt Danzig wird damit auch in der Vorstellungswelt des Ich-Erzählers möglich gemacht.

Der Ich-Erzähler nimmt also den Traum an, er spielt mit, er nimmt teil am Erzählstrang "Rättin" als hypothetischer Konstruktion. Daß er gleichzeitig weiterhin auf seine Wirklichkeit besteht, ist dabei kein Widerspruch. Indem er sich die Bewahrung der Stadt Danzig in der nuklearen Katastrophe vorstellt und vorstellbar macht, ermöglicht er von seiner Perspektive her—aus der Sicht seiner Welt und vom zeitlichen Standpunkt seiner Wirklichkeit—die Vorstellung einer neohumanen Phase, des Zeitalters der Rattenmenschen.[8]

Der letzte Teil des Erzählstrangs "Rättin", die neohumane Phase, wird so von beiden Erzählerfiguren von ihren verschiedenen zeitlichen Standpunkten her angesteuert. Sowohl von der Rättin als auch vom Ich-Erzähler erstrebt, stellen die Watsoncricks, als Kreuzung der beiden Gattungen, eine dialektische Synthese dar, die Verbindung und Übersteigerung von Mensch und Ratte. Nicht nur die Ratten, wie in Kapitel 1 unserer Untersuchung erwähnt, erhoffen den Erlöser, auch in der Nobelpreisrede des Ich-Erzählers heißt es: "Möge er kommen, uns entlasten und überwinden, uns verbessern und wieder möglich machen, uns ablösen und erlösen...der herrliche Rattenmensch!" (195)

Parallel zu der Synthese auf thematischer Ebene kommt es bei der Beschreibung der Anlandung der Watsoncricks auch zur Fusion der beiden Erzählerperspektiven. Bei der Darstellung der Watsoncricks zu Beginn des elften Kapitels ist das Gegensatzpaar Ich-Erzähler—Rättin in einer Stimme vereinigt, sprechen sie im kollektiven "wir", sind ihre Stimmen nicht mehr zu unterscheiden: "Wer sagte das? Die Rättin, von der mir träumt? Oder sagte ich, was mir vorgesagt wurde? Oder sie, was ich ihr in den Mund legte? Oder sprachen im Traum die Rättin und ich synchron?" (424)

Aber diese Vereinigung der Perspektiven ist nur von kurzer Dauer. Die Menschenratten bilden keine akzeptable Synthese, Rättin und Ich-Erzähler sind sich einig in der Ablehnung dieser mißlungenen gentechnischen Konstruktionen, die sie lächerlich finden.[9]

Der Erzählstrang endet natürlich nicht hoffnungsvoll mit dieser thematischen Synthese, der Vereinigung von Mensch und Ratte, sondern mit der Vernichtung der Watsoncricks und der Überwindung der neohumanen Phase. In dem neuen Zeitalter, das den Ratten gehört, die sich endgültig von dem Streben nach Transzendenz befreit haben und der Erinnerung an die Menschen nicht bedürfen, hat der Ich-Erzähler auf seiner Umlaufbahn keine Funktion mehr, die Ratten brauchen ihn nicht mehr als Objekt der Verehrung. Wie das alte Danzig zerfällt, wird auch er langsam in Vergessenheit geraten: "Ach ja, dich hatten wir ganz vergessen in deiner Kapsel ewiglich um und um" (504).

Die Traumexistenz, auf die er sich eingelassen hatte, geht dem Ich-Erzähler verloren. Sein Beharren auf der Realität menschlicher Existenz ist zum Schluß nur noch ein schwacher Reflex, eine vage Hoffnung, hypothetisch und ohne Anspruch auf Tatsächlichkeit: "Nur angenommen, es gäbe uns Menschen noch..." (505).

DER ICH-ERZÄHLER UND OSKAR MATZERATH

Die Erzählstränge "Matzerath", "Malskat" und "Märchenwald" entwickeln sich aus dem Spannungsverhältnis zwischen Oskar Matzerath und dem Ich-Erzähler. Dieses Spannungsverhältnis ist komplexer, widersprüchlicher, auch ironischer als die sehr klar dualistische Opposition zwischen Rättin und Ich-Erzähler.

Oskar Matzeraths Fiktivität hat Vergangenheit. Wir kennen die Geschichte seiner Jugend aus Grass' erstem Roman. Warum taucht er hier wieder auf? Der Ich-Erzähler nimmt uns die Frage ab und liefert eine Erklärung. Der Grund für Oskars Erscheinen ist der Geburtstag der Großmutter, und hinter diesem Anlaß zur Familienzusammenkunft steht ein zweiter, bedeutungsvollerer Beweggrund: die nahende nukleare Katastrophe, das endgültige Aus.[10]

Diese Begründung für Oskars erneutes Auftreten befriedigt nicht ganz. Warum werden wir, als Leser, in die Kate der Großmutter geführt, warum werden wir Zeugen des Weltendes ausgerechnet in der Kaschubei? Warum diese Wiederbelebung der Welt der *Blechtrommel*?

Danzig und Umgebung spielt natürlich in den meisten Prosawerken von Grass eine Rolle.[11] Danzig ist der Ort seiner Herkunft und bildet ein Zentrum seiner Romanwelt; es ist ein fester Bezugspunkt, ein exemplarischer Ort. Grass hat Danzig immer zum Ort des großen Geschehens gemacht, es in einen großen geschichtlichen Bezug gesetzt, repräsentativ für den Lauf der Welt. So wird die Welt auf diesen Punkt reduziert, oder konzentriert. Die Gäste von Anna Koljaiczeks Geburtstagsfeier kommen aus allen Erdteilen.

Aber warum die Anknüpfung an das Erstlingswerk? Was macht die Zeit abermals reif für Oskar Matzerath? *Die Rättin* ist zunächst die direkte Weiterführung von dem Punkt, an dem *Die Blechtrommel* aufgehört hat: den fünfziger Jahren. Das Wirtschaftwunder im Nachkriegsjahrzehnt auf der Grundlage der Teilung Deutschlands ist Hauptthese in "Malskat"; und Matzerath selbst, als erfolgreicher Unternehmer, repräsentiert den wirtschaftlichen Aufstieg aus dem Nichts—veranschaulicht durch den Wechsel vom sparsamen Kleinstwagen zur repräsentativen Limousine.[12] Außerdem ist Matzerath den fünfziger Jahren verhaftet, "er sammelt Stücke aus dieser Zeit" (31).

Auch in anderer Beziehung ist die *Rättin* Fortsetzung der *Blech-trommel*. Die *Blechtrommel* ist ein weitausholendes, umfassendes Zeitgemälde; auch die *Rättin* ist ein Zeitroman, ein Buch, das seine Zeit widerspiegelt und auf sie reagiert. Die Zeiten, auf die sich die beiden Romane beziehen, bilden eine Epoche—das ist die These der Rättin und ein Grundgedanke des Romans:

> Nicht auszureden ist ihr der zeitraffende Umgang mit dem zwanzigsten Jahrhundert. Den ersten, den zweiten Weltkrieg und den von ihresgleichen vorweggenommenen dritten faßt sie zu einem einzigen Kriegsgeschehen zusammen, das, nach ihren Worten, folgerichtig mit dem Großen Knall endete. (225)

Die Blechtrommel beschreibt die erste Hälfte des Jahrhunderts, die die zwei Weltkriege umfaßt, *Die Rättin* knüpft an die an und führt zum Weltuntergang und dem, was darauf folgt.

Schließlich kommt noch ein dritter Aspekt ins Spiel. Indem Oskar Matzerath in die Kaschubei zurückgeführt wird und unter den Röcken der Großmutter—wo seine Geschichte um die Jahrhundertwende ihren Anfang nahm—endet, schließt sich ein Kreis innerhalb des Gesamt-werks. Seine Geschichte ist eine exemplarische Geschichte, insofern die Erzählung dieses individuellen Schicksals eine ganze Epoche widerspiegelt. Die Zurückführung, der geschlossene Kreis ist ein ganz definitives Ende, ein emphatisches Aus, der große Schlußpunkt. Die Darstellung von Ultemosch, dem Ende aller menschlichen Dinge gewinnt so an Wirkung, weil es zusätzlich den Kontext des Gesamt-werks gewinnt, und damit einen weitergefaßten historischen Bezugs-rahmen.

Wenden wir uns dem Verhältnis von Ich-Erzähler und Oskar Matzerath zu. Oskar, die Gestalt aus der Vergangenheit, kommt betont aktiv auf die Szene. Von Anfang an zeigt er Eigenständigkeit, er beansprucht Teilnahme am Geschehen.[13] Zwar kommt Matzerath dem Ich-Erzähler nicht im Traum, wie die Rättin, aber er kommt ihm ganz unerwartet, als Einfall, als Eingebung; Oskar meldet sich im Untergeschoß der Erinnerung:

> Erst kürzlich, als ich ohne weitere Absicht treppab in den Keller zu den runzelnden Winteräpfeln wollte und in Gedanken allenfalls meiner Weihnachtsratte anhing, trafen wir uns wie auf höherer Ebene: er stand da und stand nicht da, er gab vor

zu sein und warf einen Schatten plötzlich. Er wollte beachtet,
gefragt werden. (29)

Das Verhältnis zwischen den beiden Erzählerfiguren ist sehr
gespannt; es ist widersprüchlich und schon von der Grundidee her
äußerst ironisch. Zum Einen ist Matzerath eine Figur innerhalb des
Romans, und auch eines früheren Romans des Ich-Erzählers, der sich
als Persona des Autors Grass ausweist.[14] Matzerath ist also die
Schöpfung des Autoren-Ichs, er ist dessen Phantasie entsprungen.

Andererseits ist er ganz eigenständig, ein Machtfaktor im Verlauf
des Geschehens; er nimmt Einfluß auf den Erzählvorgang. Matzerath
ist Unternehmer: Inhaber und Produzent des Videokonzerns "Post
Futurum", und damit Auftraggeber, Arbeitgeber, Chef des Ich-
Erzählers, der eine Art freischaffender Drehbuchautor darstellt
innerhalb des Romans. Der Ich-Erzähler will ihn zur Produktion
eines seiner gegenwärtigen Arbeitsprojekte—"Märchenwald"—überreden; gleichzeitig übernimmt er die Recherchierung des "Malskat"-
Materials als Auftrag von Matzerath.

Als Produkt des Autoren-Ichs ist Matzerath sehr widerspenstig,
sehr undankbar. Er erkennt seinen Schöpfer nicht an und vermeidet
es, über seine "Vergangenheit", den *Blechtrommel* Roman also, zu
reden.[15] In köstlicher Herablassung setzt er das Autoren-Ich zu
einem zweitklassigen spekulierenden Berichterstatter, zum "Skriben-
ten" herab:

> ...sobald nach seiner Kindheit gefragt wird, weicht unser Herr
> Matzerath in wohnliche Nebensätze aus. ...(er) sagt allenfalls:
> "Meine Kindheit war an bemerkenswerten Ereignissen nicht
> arm". Oder er sagt: "Besonders Sie sollten nicht alles glauben,
> was da geschrieben steht, wenngleich meine frühe Zeit einfalls-
> reicher verlief, als sich gewisse Skribenten vorstellen". (163-
> 64)

Matzerath fühlt sich durch den *Blechtrommel* Roman nicht repräsentiert. Doppelte Ironie: die Romanfigur erinnert den Autor an die
Fiktionalität seines Werkes.

Der Ich-Erzähler ist in seinem Stolz verletzt über die herablas-
sende Haltung, die anmaßende Distanziertheit seiner Schöpfung.
Allenfalls als "Zeitgenosse" sieht er sich akzeptiert, als Matzerath
von seiner Konzertkarriere zu reden beginnt.[16] Oskar zeigt sich

versöhnlich, wenn er über die Nachkriegszeit spricht; er betont die fünfziger Jahre, er will den Anschluß an seine neue, jetzige Identität.

Wie es scheint aus gekränkter Eitelkeit, als Trotzreaktion versucht das Autoren-Ich, Matzeraths Reise in die Kaschubei zu verhindern; zwar tut er so, als habe er nur dessen Wohlergehen im Sinn, aber es klingt doch wie eine versteckte Drohung—das Autoren-Ich verrät seine Absicht für den zukünftigen Handlungsverlauf:

> Abraten müßte man ihm. Er sollte ein Telegramm schicken: "Kann leider, weil krank, nicht kommen". Es könnte die Prostata sich entzündet haben.... Man sollte ihm diese Reise, die eine Reise zurück ist, wirklich nicht zumuten. Zuviel Vergangenes könnte beweglich werden, ihn anrühren und erschrecken.
>
> ...Schonen sollte man ihn.... (163)

Das Autoren-Ich will auch nicht, daß Matzerath zu einer Zentralfigur des gegenwärtigen Romans wird, er will keine Wiederanknüpfung an die *Blechtrommel* Welt, er will nicht die Erweiterung von Oskars Status im jetzigen Geschehen.[17]

Das Interesse des Autoren-Ichs an Matzerath beschränkt sich anscheinend auf die—unsympathische—Funktion als reicher Unternehmer, als typischer Kapitalist[18]; von dem allgewaltigen Videoproduzenten ist der Ich-Erzähler als Drehbuchautor, als freischaffender Künstler abhängig.

Oskar Matzerath läßt sich von seiner Reise jedoch nicht abhalten. Der Widerspruch, das ironische, zweideutige Verhältnis wird weitergeführt: die Romanfigur hat sich selbständig gemacht. Das Ich, das sich als Autor ausweist, tut so als habe es keine Kontrolle über seine Schöpfung.

Das andere Verhältnis zwischen den beiden Erzählerfiguren, das Arbeitsverhältnis, ist noch weniger vorteilhaft für den Ich-Erzähler. Der selbständige Drehbuchautor ist dem Produzenten weitgehend ausgeliefert, die Verwirklichung seiner Projekte ist von der Zustimmung des Produzenten, von der Finanzierung des Unternehmers Matzerath abhängig.

Dem Ich-Erzähler ist an der Realisation seines "Märchenwald"-Projektes besonders viel gelegen, und er versucht Matzerath mit allen Mitteln zur Produktion seines im Entstehen begriffenen Drehbuchs zu bewegen. Im Verlauf dieses Erzählstrangs, der gleichzeitig den Prozeß der Ausarbeitung des Drehbuchs darstellt, bezieht er sich ständig auf den Produzenten Matzerath. Er berücksichtigt dessen Erwartungen auf genaue Personenbeschreibungen und originelle Einzelheiten.[19]

Abgesehen vom Zwang, seine Einfälle detaillierter auszuformen, baut er auch Einzelheiten ein, die den persönlichen Geschmack des Produzenten besonders ansprechen und ihm schmeicheln. Etwa wenn die Märchendelegation in Bonn dem wachhabenden Offizier vor dem Bundeskanzleramt eine Goldmünze in die Hand drückt—ein Detail speziell für den Münzensammler Matzerath, dem die Wahl der Münze überlassen bleibt: "Hier könnte unser Herr Matzerath Rat geben. Soll es ein Maxdor, ein Goldrubel sein?" (235) Er ist auch darauf bedacht, Elemente einzubauen, die Oskar Identifikationsmöglichkeiten bieten, die ihn ganz persönlich ansprechen, indem sie ihn an seine Vergangenheit—die *Blechtrommel* und im weiteren Sinne die *Danziger Trilogie*—erinnern: er will die Kanzlerkinder als Störtebeker und als Tulla Pokriefke darstellen.[20]

In der weiteren Ausarbeitung des "Märchenwald"-Drehbuchs erwähnt der Ich-Erzähler immer wieder Vorschläge und Einwände des Produzenten, die er häufig berücksichtigt, gelegentlich auch ablehnt. Ganz entrüstet wehrt er sich zum Beispiel gegen Matzeraths Einfall, Rapunzel mit einer Perücke zu versehen. Der Ich-Erzähler ist empfindlich, weil er Damrokas Haar assoziiert—übrigens eine elegante Motivverknüpfung: "Und weil ich wortwörtlich an Damrokas Haar hänge, bekommt Rapunzel—Nein, Herr Matzerath!—keine Perücke verpaßt" (251).

Über den Schluß des Drehbuchs sind sich Autor und Produzent allerdings einig. Hänsel und Gretel entkommen dem Untergang der Märchenwelt und verschwinden im Land Eswareinmal, denn: "Ganz ohne Märchen will niemand sein" (466).

Im Gegensatz zu "Märchenwald" entwickelt sich "Malskat" auf Initiative Matzeraths. Oskar, der immer noch den fünfziger Jahren verhaftet, "vom Jahrzehnt der Trugbilder gefangen ist", ist an "Malskat" besonders interessiert, er will, "den Fall Malskat aufgreifen, falls ich Material genug über die fünfziger Jahre beibringen könne..." (42). Der Ich-Erzähler soll also recherchieren, Fakten liefern. Es geht hier nicht darum, ein Drehbuch anzufertigen wie bei "Märchenwald", sondern Matzerath will Material haben, um seine These vom Fälschertrio veranschaulichen zu können.[21]

Der Ich-Erzähler nimmt den Auftrag nur zögernd an, er ist mit Matzeraths These nicht einverstanden.[22] Er übernimmt das "Malskat"-Projekt als Zugeständnis, weil er Matzerath günstig stimmen und ihn zur Annahme seiner eigenen Projekte gewinnen will. Der interessiert sich jedoch nur für "Malskat" und weicht anderen Vorschlägen—zu "Märchenwald" und "Hameln"—aus.[23]

Im Verlauf der Ausarbeitung von "Malskat" geht es dem Ich-Erzähler darum, die These vom Fälschertriumvirat zu widerlegen, oder genauer gesagt zu korrigieren. Denn teilweise stimmt er seinem Auftraggeber zu.[24] Aber Malskat setzt sich—seiner Meinung nach—von den beiden Staatsmännern vorteilhaft ab: "Denn schließlich verließ Malskat...das Fälschertrio, und zwar nach gedanklicher Vorarbeit" (389). Der Ich-Erzähler macht Malskat als "ehrlichen Trugbildner" (469) zum positiven Gegenstück der "Staatsfälscher" Adenauer und Ulbricht.

Der Erzählstrang endet mit Matzeraths Abriß für den Malskat-Film. Dabei bleibt er bei seiner Trio-These. Aber es geht Matzerath nicht so sehr um Malskat als um die fünfziger Jahre, und beide Erzählerfiguren sind sich in diesem Punkt einig: es war das "Jahrzehnt der Trugbilder", die "Ära der Großfälschungen" (473).

Die beiden Beziehungen, die den Ich-Erzähler und Matzerath verbinden—das von Autor und seiner Romanfigur, und das von freischaffendem Schriftsteller und seinem Auftraggeber, dem Produzenten—sind zwei sich widersprechende Machtverhältnisse, zwei Abhängigkeiten, die sich gegenseitig aufheben. Matzerath ist Chef und Geschöpf, der Ich-Erzähler ist Schöpfer und Bittsteller. Aus diesem Widerspruch entspringt ein regelrechter Machtkampf zwischen diesen beiden Figuren; es ist eine Rivalität um Vorherrschaft, die der Auseinandersetzung zwischen Rättin und Ich-Erzähler entspricht, dem Streit um die Gültigkeit ihrer Realitäten.

Der Ich-Erzähler beginnt mit der Eskalation. Um Matzerath zur Produktion des "Märchenwald"-Drehbuchs zu zwingen, droht er, Einfluß auf den Handlungsverlauf von Oskars Geschichte, dem "Matzerath"-Strang zu nehmen, und seine Reise in die Kaschubei zu verhindern. Matzerath ist entrüstet: das auktoriale Ich bedient sich unfairer Mittel; aber er muß klein beigeben—der Autor sitzt am längeren Hebel.[25]

Das auktoriale Ich empfindet Abneigung und Mißgunst gegenüber dieser Romanfigur, die sein Rivale ist. Das zeigt sich an kleinen Bemerkungen, etwa bei seinem Bericht von Matzeraths Rede anläßlich der Geburtstagsfeier der Großmutter, Oskars Auftritt vor versammelten Gästen: "Er klatscht in die Händchen, deren Finger zu viele Ringe zeigen; sein Zwang, Regie führen zu müssen" (309).

Als Matzerath in der Kaschubei in den nuklearen Strahlungswellen sein Ende findet, jubiliert der Ich-Erzähler geradezu über den Tod seines Rivalen—endlich hat er sein Territorium, das im Entstehen begriffene Buch wieder für sich—und führt sich und dem Leser genüßlich die schrecklichen Symptome des Strahlentodes vor Augen.[26]

Aber das letzte Wort ist noch nicht gesprochen; der Ich-Erzähler freut sich zu früh. Der Erzählstrang "Matzerath" gabelt sich, und in einem Zweig kehrt Oskar aus Polen zurück. Der Ich-Erzähler muß den Rückschlag hinnehmen, beschreibt aber mit Genugtuung Matzeraths angeschlagenen Gesundheitszustand; wenigstens, so kann der Leser folgern, hat er seiner Romanfigur eine Prostatakolik zufügen können.[27]

Vom Aspekt der Rivalität der Erzählerfiguren her läßt sich die Gabelung des Erzählstrangs "Matzerath" als zwei Versionen einer Handlung ansehen—die Version des Ich-Erzählers und die Matzeraths. Der Ich-Erzähler jedenfalls tut so, als ob die erste Version—Oskars Tod in der Kaschubei—die alleingültige sei, als ob nur sie tatsächlich und die Version von Oskars Rückkehr nur dessen Fiktion wäre. Er tut so, als wäre der ihm ungünstige Handlungsverlauf Oskars Einbildung, ein Hirngespinst, das man ihm belassen muß, um seine Gesundheit zu schonen.[28] Plötzlich macht sich der Ich-Erzähler Sorgen um Oskars Wohlergehen—der Leser hat Grund zur Skepsis: Der Erzähler will wohl seine Version vor Matzerath verheimlichen, er fürchtet dessen Zorn.

Oskar besteht jedoch auf die Realität seines Weiterlebens. Er unterstellt dem Autoren-Ich Mordabsichten; gleichzeitig bedeutet er aber auch durch die Tatsache seines Weiterlebens, daß das auktoriale

Ich nicht in der Lage war, sein Vorhaben umzusetzen, daß das Ich
nicht uneingeschränkte Kontrolle über den Handlungsverlauf hat, daß
er sich nicht einfach über den Machtfaktor Matzerath hinwegsetzen
kann.[29]

Oskar gibt dem Ich-Erzähler zu verstehen, daß er dessen Motive
durchschaut. Oskar stört als Rivale innerhalb des Erzählvorgangs.
Und noch einen Grund bringt er zur Sprache—die Eifersucht des
Autors über den Ruhm seiner Schöpfung, der den eigenen Ruf
überschattet.[30]

Der Darstellung des Ich-Erzählers stellt Matzerath die eigene
Interpretation der Wirklichkeit gegenüber. Einzig die zweite Version,
die seiner Rückkehr und seines Weiterlebens sieht er als real an, und
kehrt kurzerhand den Spieß um. Er verweist den Ich-Erzähler auf den
Ort, der ihm in der Darstellung der Rättin als Existenzmodus zuge-
wiesen wurde—die einsame Raumkapsel auf ihrer Umlaufbahn.[31]

Die Rivalität über die Kontrolle des Erzählvorgangs setzt sich bis
zum Schluß fort. Auch an Matzeraths Geburtstagsfeier, Oskars
eigener Show, kann der Ich-Erzähler es sich nicht versagen, Einfluß
zu nehmen—er muß seine auktoriale Präsenz bemerkbar machen:
"Doch drängt es mich nun, Schatten auf dieses Fest zu werfen, so
natürlich und nur an den Rändern gekünstelt es zu verlaufen versprach" (491). Dieser Schatten ist die Nachricht von Anna Koljaiczeks Ableben. Mit Genugtuung beobachtet der Erzähler, wie seine
Beigabe zum Geschehen sich bei der Geburtstagsgesellschaft bemerkbar macht: "...nach mir merkte jener Filmemacher auf..., dann der
Professor, schließlich spürten alle, daß etwas nach fremder Regie
geschehen sein mochte" (491). Diese Stelle zeigt deutlich die Doppel-
funktion des Ich-Erzählers im Roman: er beeinflußt die Handlung von
außen und ist gleichzeitig unbefangener Teilnehmer innerhalb des
Geschehens, Autor und Romanfigur in Einem.

Zuletzt muß der Ich-Erzähler doch noch einen Rückschlag hinnehmen. Der Produzent Matzerath tut was er will und läßt das
"Märchenwald"-Projekt ins Wasser fallen. Dabei hält er es nicht
einmal für nötig, den Drehbuchautor persönlich von der Änderung
seiner Pläne zu unterrichten. Der Ich-Erzähler empfängt die demüti-
gende Nachricht aus dem Munde des Prokuristen von Matzeraths
Firma.[32]

DER ICH-ERZÄHLER IN "DAMROKA"

Der "Damroka"-Erzählstrang gehört dem Ich-Erzähler ganz alleine. Es steht ihm kein Rivale im Wege, er muß sich nicht mit einer anderen Erzählfigur auseinandersetzen, niemand redet ihm drein. Aber auch hier gibt es Widerstände, hat der Ich-Erzähler nicht volle Kontrolle; auch hier wird die Aufmerksamkeit des Lesers auf den Erzählvorgang gelenkt.

Der Ich-Erzähler ist zum Einen auch hier Persona des Autors—wir haben eindeutige autobiographische Bezüge, er ist der Mann der Hauptfigur Damroka, die unschwer als Ute Grass zu erkennen ist—, er erklärt sich zum souveränen Schöpfer des Geschehens und steht außerhalb und über der Handlung:

> Ich muß das sagen, weil die fünf Frauen an Bord des Schiffes...niemals zusammen ein Schiff befahren würden; nur meine Willkür hat sie auf Deck...versammelt und auf gewünschten Kurs gebracht. (220)

Andererseits gibt er sich aus als Beobachter am Rande, innerhalb der Handlung. Er ist nicht allwissend und er hat nicht unbeschränkten Einfluß auf die Ereignisse. Er kennt z.B. nicht das Ziel der Frauen und erfährt es erst, als er sich unter Deck des Schiffes schleicht und im Gepäck Damrokas eine Karte findet.[33]

Der nicht voll informierte Erzähler hat auch nicht souveräne Macht über seine Figuren. Zwar hat er die fünf Frauen auf Reise geschickt, aber es kostete ihn große Mühe, sie zu dieser Expedition zu überreden: "Tricks und Notlügen mußte ich mir einfallen lassen und kurz vor Reisebeginn versprechen, daß nie Sturm aufkommen werde und niemals Maschinenschaden auf hoher See zu befürchten sei" (221). Die Frauen stellten auch Bedingungen, sie machten ihre Einwilligung zur Teilnahme abhängig von dem Versprechen des Erzählers, ihre Identität nicht preiszugeben.

Die Charaktere haben also ein Eigenleben, einen eigenen Willen, sie beanspruchen Realität. Aber was ist real, und was ist fiktiv in diesem Erzählstrang? Einerseits erweckt der Erzähler im Leser den Eindruck, daß die Expedition der Frauen tatsächlich stattgefunden hat, oder wenigstens eine reale Vorlage hatte. Es wird uns umständ-

lich die Vorgeschichte des Schiffes gegeben, Einzelheiten über den
Kauf durch Damroka, Details zum Forschungsauftrag, zur Technik
der Quallenvermessung; es sind Kleinigkeiten, die dem Bericht
dokumentarischen Charakter verleihen. Und der Brief Damrokas am
Ende (462), der dem Erzähler ihre wohlbehaltene Rückkehr meldet,
unterstreicht den Eindruck einer wirklichen Schiffsreise.

Andererseits erklärt der Erzähler gegen Schluß seine Geschichte
vom Schiff und der Forschungsreise als rein fiktive Konstruktion:

> Deshalb dachte ich mir ein Schiff aus, mit Frauen bemannt.
> Nur versuchsweise—mal sehen, was dabei rauskommt—gefiel
> es mir, alle einträchtig auf Reise zu schicken, obgleich sie
> einander spinnefeind waren und in Wirklichkeit umständlich
> mieden. (396)

Man fragt sich: ist dieser Erzählstrang nun eine besonders rea-
listische fiktive Konstruktion, oder ist es eine als Fiktion verkleidete
tatsächliche Begebenheit, oder wenigstens eine Geschichte mit realem
Kern? Die Trennlinie zwischen Fiktivem und Realem ist verwischt,
die Unterscheidung scheint aufgehoben. Und wenn der Erzähler
unterscheidet zwischen dem, was sich ereignet, und dem, was "im
Kopf" passiert (39), wenn er sagt: "in meinem Kopf und tatsächlich"
(39), "in meinem Kopf und auch sonst"—wie ist diese Gegenüberstellung aufzufassen? Wenn es sich nicht um die Unterscheidung zwischen Erdichtetem—dem, was der Erzähler sich ausdenkt—und
Wahrheit handelt, weil diese Unterscheidung unwesentlich oder gar
aufgehoben ist, was meint er dann mit "tatsächlich?"

An diesem Punkt läßt sich unser Gedankengang über die Bedeutung des Tatsächlichen zurückleiten auf die Beobachtung der ambiva-
lenten Rolle des Erzählers, die wir eingangs gemacht haben. Betrachten wir das folgende Zitat, das eindeutig "fiktiv" ist—der sprechende
Butt ist eine Erfindung des Autors Grass—, und in dem sich der Ich-
Erzähler als mangelnd informiert bloßstellt: "Ich weiß nicht, ob
später noch einmal der Butt gerufen wird. Und wenn ich es wüßte,
hörte ich dennoch nicht, was er zu sagen weiß" (261). Warum hält es
der Erzähler für notwendig, uns wissen zu lassen, was er nicht weiß?
Wenn wir diesen Gedanken von der anderen Seite angehen, ihn
umkehren, als Inversion betrachten, dann sagt der Erzähler, daß es in
der Geschichte mehr gibt, als er wissen kann, daß die Erzählung, das
Handlungsmaterial—die Charaktere, die Handlung—, das be-

handelte—oder zu behandelnde—Material mehr Tiefe hat, als er ausmessen kann. Die Geschichte hat ein Eigenleben, existiert sozusagen in sich selbst, unabhängig vom Erzähler-Autor. Der Erzählstrang hat eine eigene Realität, und die Unterscheidung zwischen real und fiktiv, zwischen wahr und erdichtet ist unwesentlich: die Geschichte, das Erzählmaterial ist da, es existiert, selbst als Fiktion; weil es existiert, ist es tatsächlich: Fiktion ist eine Form von Realität. Wir werden auf diesen Gedanken in Kapitel 7 zurückkommen.

Und so entwickelt sich der Erzählstrang zwischen dem, was der Erzähler beabsichtigt und wünscht ("im Kopf"), und der Eigendynamik des Erzählmaterials. Dies erklärt die ambivalente Rolle des Erzählers, den ständigen Wechsel zwischen auktorialer Schöpferfigur und Beobachter, Teilnehmer, dem die Zügel entfallen sind. Im folgenden Paradebeispiel oszilliert der Erzähler zwischen beiden Rollen im selben Absatz:

> *Ich kann nicht verhindern*, daß die Meereskundlerin zu stricken aufhört und wieder von den KZ-Schiffen zu sprechen beginnt. Weil die Maschinistin mehr und Genaues wissen will...*lasse ich die Alte* überm Abwasch aus der Kombüse rufen...(68, meine Hervorhebungen).

Die Erzählerfigur spielt also auch in diesem Erzählstrang eine wichtige Rolle. Indem das Autoren-Ich mit dem Erzählmaterial ringt, wird die Aufmerksamkeit auf den Erzählvorgang gelenkt, wird der Erzählvorgang selbst zum Thema.

DER SCHREIBVORGANG

Außerhalb der fünf Geschichten, die das auktoriale Ich uns erzählt, führt er uns immer wieder zu seinem Arbeitsplatz, der Schaltstelle für die parallele Entwicklung der Erzählstränge: "Links von meiner Weihnachtsratte steht der Tisch, auf dem sich zu viele Geschichten verzetteln. Rechts von ihr steht auf dem Werkzeuggestell unser Radio" (187). Der Schreibtisch, auf dem die Teile und Bruchstücke des Ganzen gleichzeitig im Entstehen sind—die Fügung "sich verzetteln" unterstreicht das Fragmentarische, Ungeordnete, und, als aktive, reflexive Verbform auch das Eigenleben des Erzählmaterials—, steht für die Gegenwart des Schreibvorgangs, für das in der Ausarbeitung befindliche Werk. Der Leser scheint einen Blick hinter die Kulissen zu erhaschen, er wird Zeuge des Arbeitsvorgangs.

Die Selbstverweise des Autoren-Ichs am Schreibtisch sind so häufig, daß man sie als eigenständigen Erzählstrang ansehen muß. Das Thema dieses sechsten Erzählstrangs ist der Kompositionsprozeß: die Form nicht als Resultat, sondern als Vorgang—das Werdende als Inhalt.

Die Bezüge auf die Gegenwart des Schreibvorgangs in diesem sechsten Erzählstrang enthüllen die Logik der polyphonen Form, erklären die parallele Entwicklung der Erzählstränge. Die polyphone Form, die dem Leser all diese verschiedenen Handlungen und Zeitebenen gleichzeitig zumutet, ist einfach eine Reflexion des Kompositionsprozesses—das Autoren-Ich bearbeitet alle Handlungsstränge zur gleichen Zeit[34], er spricht von seinen "zuvielen Geschichten, die alle gleichzeitig aus ihren Anfängen drängen" (63). Wieder auffallend die aktive Verbfügung, die die Eigendynamik des Erzählmaterials hervorhebt.

Die Erzählstränge sind gleichzeitig im Kopf des Autoren-Ichs vorhanden, er ist all diesen Geschichten ausgesetzt. Über die Spiegelung des Schreibvorgangs hinaus ist der polyphone Formprozeß eine Annäherung an die Befindlichkeit des auktorialen Ichs bei der Arbeit. Diese Form gibt Einblick ins Innere der Autorenfigur, enthüllt die Materialien bei der Fermentierung; sie gibt Einblick in die Vorstellungsweise des Autoren-Ichs, in das Getriebe, den Mechanismus, die Arbeitsweise der Phantasie, der Einbildungskraft.

Daher die Widersprüche, das Fragmentarische, Bruchstückhafte, daher die Vermischung verschiedenster Elemente, Zeitebenen, Handlungen, die Verwischung logisch-kausal-zeitlicher Unterschiede: der kreative Gärprozeß ist mehr assoziativ-verbindend als analytisch-unterscheidend.

Um Mißverständnissen vorzubeugen: die Struktur der *Rättin* ist in hohem Grade organisiert, und kann natürlich nicht direkter Ausdruck der imaginativen Fakultät sein—zu diesem Zweck wäre automatisches, spontanes Schreiben, der Versuch der ungefilterten Darstellung von Bewußtseinsvorgängen eine bessere Methode, der Verzicht auf Form. Die komplexe Form dieses Romans ist eine Annäherung an das Werk in einem früheren Stadium der Entwicklung, sie verweist zurück auf die Phase vor der vollkommenen Anordnung, auf den kreativen Gärprozeß. Und das Endstadium des Strukturvorgangs, die Vollendung wird weder erreicht noch erstrebt.

Zum Arbeitsplatz des Autoren-Ichs gehört nicht nur der Schreibtisch, sondern es werden immer zwei weitere Möbelstücke erwähnt: der Rattenkäfig und die Radiokiste. Die Funktion der Weihnachtsratte wurde bereits behandelt. Sie ist dem Erzähler gegenübergesetzt, sie soll "Reizwörter" liefern (7), sie wird im Traum zum antipodischen Gesprächspartner.

Das Radio mit seinem Dritten Programm begleitet den Tagesablauf des Autoren-Ichs am Schreibtisch. Als Stammhörer kennt er den Programmverlauf: "Es bietet: Am Morgen vorgelesen, Schulfunk für alle, festliche Barockmusik, zwischendurch Nachrichten, den Medienreport, später das Echo des Tages, dann wieder Barockmusik, geistliche diesmal" (100).

Das Dritte Programm repräsentiert die Gegenwart: als tagtägliche Begleitung des Schreibvorgangs, und mit den Nachrichten als aktuelle Information zum Weltgeschehen. Es ist so Orientierungspunkt, Anker des Autoren-Ichs, der zwischen verschiedenen Welten und Zeitebenen hin- und herspringt. Es ist ihm "täglicher Existenzbeweis" (439), vor allem gegenüber der Realität der Rättin, die als Vertreterin ihrer Gattung kein Interesse an der Gegenwart hat.[35] Sie weiß, was kommen wird bzw. aus Rattensicht bereits eingetroffen ist. Die Nachrichten im Radio, und die Geschichten des Erzählers—die Gegenwart des Arbeitsvorgangs—sind für sie uninteressant, weil veraltet; es sind für sie unwesentliche Einzelheiten vergangener Zeiten.

Das Radio liefert Berichte zum Tagesgeschehen, bietet die neusten Informationen, hält den Hörer über die aktuelle Gegenwart auf dem laufenden, ist also Barometer für den Zustand der Welt. Und die Tendenz ist katastrophal, die Überschüsse in der Agrarproduktion der Europäischen Gemeinschaft stehen in groteskem Widerspruch zum sprunghaft wachsenden weltweiten Hungerproblem, die Entwicklung läßt das Schlimmste befürchten, alles "läuft, schlittert, rutscht...bergab, dem statistisch gewissen Ende zu" (364).

Obwohl das Dritte Programm Bericht gibt von der katastrophalen Weltsituation, ist es nicht Sprachrohr für eine Untergangsstimmung, vertritt es kein apokalyptisches Endzeitdenken:

> ...das Dritte Programm, dessen tapfere Sprecher behaupten, es gehe weiter, es lohne sich zu leben und Schulfunk für alle zu hören. Hoffnung finde sich, wenn auch nur krümelgroß. Alle Gefahren seien abwendbar durch Vernunft und Verzicht und allumfassendes Umdenken. Man müsse nur wollen. Dann lasse sich wiederum Zukunft planen. Bei aller Skepsis, das Jahr Zweitausend komme bestimmt. Es heißt sogar: Man werde die restlichen Wälder mit Schutzhäuten beschichten; man könne unter Glaskuppeln frische Luft für Großsiedlungsräume garantieren; der Hunger ließe sich gentechnisch aufheben; bald wisse man Mittel, den Menschen auf Dauer friedlich zu stellen; auch bequeme die Zeit sich allmählich, vor- oder nachgeholt verfügbar zu sein; man müsse nur, sagt das Dritte Programm, den Willen haben zum Wollen und umdenken möglichst bald...(470).

Das Dritte Programm propagiert Hoffnung, es setzt auf die Vernunft, es glaubt—und hier ist eine Verbindung zu dem im Zusammenhang mit dem Erzählstrang "Rättin" behandelten Themenkreis—an die Erziehung des Menschengeschlechts. Die rationalistische Weltsicht ist zukunftsorientiert; mit dem Glauben an die Macht der Vernunft einher geht die Auffassung von der Verbesserung der Menschheit, vom Fortschreiten der Geschichte zu immer besseren Zuständen. Dieser Glaube ist die Grundlage der neuzeitlichen abendländischen Kultur, die Zusammenhänge sind Schulstoff, altbekannt.

Die Zukunftsvision, die im Dritten Programm gegeben wird, ist die eines utopischen Romans; so etwas könnte man bei Orwell, Huxley, Bradbury, Zhamyatin, oder Döblin lesen: mit Schutzhäuten beschichtete Wälder, Großsiedlungsräume unter Glaskuppeln, genetische Aufhebung des Hungers, Zwangsbefriedung des Menschen und—dies klingt wie ein Hinweis auf Herrn Matzeraths mediale Gelüste—die Manipulation der Zeit. Was hier als Lösung vorgeschlagen, als Rettungsring angeboten wird, ist die konsequente Anwendung aller naturwissenschaftlichen und technischen Möglichkeiten—die neuzeitliche Wissenschaft ist ja Produkt der rationalistischen Weltsicht—die radikale Überwindung (und damit Zerstörung) der Natur, die Entindividualisierung des Menschen, die radikale Mechanisierung des Lebens.

Natürlich ist es nicht, wie der Sprecher im Radio sagt, "allumfassendes Umdenken", das zu dieser Zukunftsform führen wird. Wenn wir an den Kontext des Romans denken: die Verquallung der Ostsee, das Sterben der Wälder—auch das Sterben der Märchen, der Phantasie—als Resultat der technisierten, industriellen Massengesellschaft, die sich am kapitalistischen Credo unbeschränkter Zuwachsraten orientiert, dann wird es einfach die konsequente Weiterführung der gegenwärtigen Entwicklung sein, die zu dieser in Aussicht gestellten Zukunft führen wird.

Das Autoren-Ich ist während des Schreibvorgangs den Einflüssen des Radios und der Ratte im Käfig ausgesetzt. In der Spannung dieser sich gegenseitig ausschließender Perspektiven—dem zukunftsorientierten Glauben an die Erziehung des Menschengeschlechts, der rationalistischen Position des Radios, die er nicht akzeptieren kann, und der Position der Rättin, für die der Untergang der Menschheit bereits stattgefunden hat und die er nicht akzeptieren will, entwickeln sich seine Erzählstränge.

DAS ÜBERGREIFEN DER ERZÄHLERFIGUREN IN ANDERE ERZÄHLSTRÄNGE

Wir haben die Konstellationen der Erzählerfiguren innerhalb der Erzählstränge untersucht und gesehen, wie "Rättin" sich in Auseinandersetzung zwischen der Rättin und dem Ich-Erzähler entwickelt, und "Märchenwald", "Matzerath" und "Malskat" aus dem Spannungsverhältnis von Ich-Erzähler und Matzerath. In "Damroka" steht dem Ich keine rivalisierende Erzählfigur im Wege, aber auch hier gibt es Widerstände, die der Eigendynamik des Erzählmaterials entspringen. Und die Gegenwart des Schreibvorgangs—der sechste Erzählstrang—steht unter dem Einfluß der Weihnachtsratte im Käfig und dem Dritten Programm, das das Ich auf seinem Radio empfängt.

Die jeweiligen Konstellationen des Ichs mit einer anderen Erzählfigur sind jedoch nicht völlig isoliert von einander; wie bei den in

Kapitel 2 beschriebenen Verknüpfungen zwischen den Erzählsträngen kommt es auch auf der Ebene des Erzählvorgangs zu Verbindungen zwischen den Erzählerkonstellationen. Der Ich-Erzähler ist natürlich das verbindende Bewußtsein zwischen allen Erzählsträngen, aber auch Matzerath und die Rättin greifen über und mischen sich ein in andere Erzählvorgänge, tragen ihre Rivalitäten in andere Spannungsfelder; sie interessieren sich für das, was in den parallel verlaufenden Erzählsträngen passiert.

Die Rättin ist auch außerhalb des eigenen Erzählstrangs ein Machtfaktor. Bevor das Autoren-Ich Oskar Matzerath als dritte Erzählfigur in den Roman einführt, holt er die Zustimmung der Rättin ein.[36] Auch am Ende von "Märchenwald" scheint der Erzähler den Wunsch der Rättin zu berücksichtigen: "Ich versprach meiner Weihnachtsratte, es nicht beim Weglaufen zu lassen, vielmehr einen anderen, womöglich verklärten Schluß zu suchen..." (438).

Die Rättin ist eifersüchtig auf die Hegemonie ihrer Erzählperspektive bedacht. Gelegentlich bringt sie ihr Mißfallen an den anderen Projekten des Ich-Erzählers zum Ausdruck.[37] Sie verhöhnt die anderen Realitäten des Ich-Erzählers.[38] Die Vorgänge in den anderen Erzählsträngen sind für sie, in Umkehrung zu der Darstellung, die er uns gibt, nur Träume, Phantastereien.

Oskar Matzerath ist seinerseits über die Vorgänge in "Rättin" informiert. Er erkundigt sich über die Alpträume des Ich-Erzählers mit scheinheiliger Besorgnis: "Wie geht es übrigens Ihrer Weihnachtsratte? Und träumen Sie immer noch so katastrophal?" (166) Er greift auch Motive und Episoden aus "Rättin" auf, um sie in seinen Videoproduktionen zu verarbeiten, zum Beispiel die Sintflut in der Version der Rättin, derzufolge die Ratten von Noah nicht in die Arche gelassen wurden.[39]

Auch die Erzählung von den Rattendemonstrationen in der humanen Schlußphase regt Matzeraths mediale Phantasie an; dabei vermengt er diese Geschichte mit dem Moment in "Märchenwald", als die entlaufenen Kanzlerkinder sich zu den in Ratten vernarrten Berliner Punks verirren (84-87). Matzerath vermengt hier Episoden aus zwei getrennten Erzählsträngen miteinander; er vermischt nach eigenem Gutdünken, nach Belieben, und willkürlich. Er nimmt als Material für seine Videopläne was ihm paßt und wie es ihm paßt, und seine Entwürfe und Produktionen variieren die Entwürfe des Ich-Erzählers und dessen Rattenträume, die Erzählungen der Rättin. Er konstruiert also eigene, alternative Versionen von Episoden aus verschiedenen Erzählsträngen und bringt so seine Perspektive auch außerhalb der ihm zugeordneten Erzählstränge zum Ausdruck.

Das wichtigste Beispiel für Matzeraths Aufgreifen von Material aus anderen Erzählsträngen—in diesem Fall aus "Rättin" und "Damroka"—ist sein Videofilm über die Ankunft der Rattenmenschen, seine Version der posthumanen Geschichte. Matzerath holt weit aus und greift all die historischen Episoden auf, die in "Rättin" und "Damroka" immer wieder erwähnt werden: die von Ratten begleiteten Züge der Goten und Gustav Adolfs; die von den Ratten verlassenen sinkenden Schiffe, bei der Vernichtung der Russischen Flotte, bei der Versenkung der mit Flüchtlingen überbelegten Schiffe zu Ende des Zweiten Weltkriegs. Dann die Demonstration gegen Tierversuche vor dem Forschungsinstitut in Gotland, die Befreiung der Watsoncricks, schließlich ihre Ankunft in Danzig. Matzerath bietet beinahe eine Nacherzählung der beiden Erzählstränge, er verwendet die wichtigsten Motive.

Es ist der Ich-Erzähler, der uns im Tonfall eines Feuilleton-Kritikers Bericht von dem Video gibt. Wir erfahren den Inhalt von Matzeraths Videofilm durch den Ich-Erzähler: die Perspektive Matzeraths gefiltert durch die Perspektive des Ich-Erzählers. Der Ich-Erzähler lobt und kritisiert einzelne Stellen des Films gemäß seiner Wertmaßstäbe und Vorlieben. Ihm liegen die Frauen am Herzen, und er lobt jedes Mal, wenn die Frauen in den Brennpunkt gerückt werden, und kritisiert das Aufgreifen anderer Motive, unter anderem den langatmigen historischen Vorspann. Das Auslassen der Feminismusthematik bedauert er sehr, und er entrüstet sich über das tragische Ende der Frauen:

> Folgerichtig verdampfen die Frauen an Bord des Schiffes, ohne ihr Vineta gefunden zu haben. Hätte der Vorausschau unseres Herrn Matzerath nicht doch eine milde, immerhin denkbare Fügung einfallen können: etwas Tröstliches? Es hätte seine Dramaturgie eher gesteigert, wenn er dem Butt kurz vor Schluß erlaubt hätte, platt über Vineta zu schwimmen, das schiefe Maul zu öffnen und alle fünf Frauen, meine Damroka voran, von Bord des Schiffes in die Tiefe zu rufen. Es hätte, unter Wasser zwar und allem posthumanen Geschehen entrückt, mit

> der Gründung von Feminal-City eine neue Geschichte beginnen
> und das Ende der letzten mildern können. Aber nein! Folge-
> richtig und streng konsequent: zu nichts mußte ihre Schönheit
> vergehen. Ich nicht, Oskar hat das gewollt. Seitdem fehlen die
> Frauen mir schmerzlich. (458-59)

Der Ich-Erzähler hätte offensichtlich eine erbauliche Geschichte mit positivem Ausgang lieber gesehen, entgegen dem Verlauf, wie er ihn in "Damroka" selbst beschrieben hat. Die Rollen sind hier vertauscht: das Ich, das sich im Drehbuch "Märchenwald" ständig gegen die Bestrebungen des kommerziellen Produzenten Matzerath wehren mußte, unterhaltsame Nebenhandlungen einzubauen, beschwert sich darüber, daß Matzeraths Video kein Produkt aus der Traumfabrik ist. Der Vorwurf des Ich-Erzählers ist unstatthaft: Oskar ist für das tragische Ende der Frauen nicht verantwortlich. Die Kritik des Ich-Erzählers ist wohl ein weiteres Beispiel für die Mißgunst gegenüber dem Rivalen. Auch kommt seine subjektive Position, die Kritik auf Grund seiner persönlichen Vorlieben klar zum Ausdruck; und die Subjektivität seiner Beurteilung stellt für den Leser seine Verläßlichkeit als Erzähler, als Informationsquelle in Frage.

Indem der Ich-Erzähler Matzeraths Version berichtet und kommentiert, baut er Matzeraths Perspektive—und die eigene—in das komplexe, mehrstimmige Gewebe der Erzählerperspektiven ein. Wir sehen also Überschneidungen und Überlagerungen der Blickwinkel, das Nebeneinander sich widersprechender Stimmen, die Pluralität der Erzählerperspektiven.

Das Übergreifen der Erzählfiguren und ihr Einmischen in andere Erzählstränge verbindet die verschiedenen Erzählerkonstellationen. Die Erzählerfiguren sind auch außerhalb ihrer Erzählstränge präsent und die Wirkung ist eine Kontrapunktik der Erzählerperspektiven: die polyphone Organisation der Erzählerstimmen.

Die Erzählerfiguren arbeiten so zusammen an der Konstruktion des Werkes. Der Roman als Ganzes ist eine Art gemeinsames Arbeitsprojekt, oder, wenn man so will, er ist der Schauplatz für die Auseinandersetzungen der Erzähler. Die Konstruktion ist ein Vorgang; der Roman erscheint als im Bau befindlich, nicht als fertiggestelltes Gebäude. Die Erzählerfiguren reagieren ständig aufeinander—das Konstruieren wird in seinem zeitlichen Verlauf dargestellt.

DIE UNZUVERLÄSSIGKEIT DER ERZÄHLERFIGUREN

Es ist auffallend, daß die Erzählerfiguren sich an einzelnen Stellen in ihren Berichten selbst widersprechen. So übertreibt die Rättin, wenn sie dem Ich-Erzähler die Mutationen der Tierwelt nach dem Großen Knall ausmalt: "...die Schmeißfliegen werfen lebendige Junge und säugen, stell dir vor, säugen wie wir. Flugschnecken gibt es und Spinnen, die unter Wasser ihr Netz spannen" (208). Später nimmt sie diese "triviale Science-fiction-Menagerie" (208), wie der Ich-Erzähler es nennt, zurück.[40]

Ein "Rättin" und "Damroka" verbindendes Motiv sind die Rattenwolken (149, 157, 169, 176), Warnzeichen des bevorstehenden Weltuntergangs. Zuerst streitet die Rättin diese Erscheinung ab:

> Es hieß, man habe über der westlichen Ostsee lockere Wolkenverbände in bildhafter Formation gesehen. ...laufende Wolkenratten, wolkig laufende Rattenvölker....
>
> Glaub das nicht, Freundchen. Zwar war uns vieles möglich, ...aber Wolkenbilder produzieren, uns selbst zum Himmelszeichen erheben, das konnten wir nicht. (149)

Aus thematischer Sicht bedeutet diese Stelle die Ablehnung jeglicher Transzendenz für die Ratten. Was aber das Motiv Wolkenratten betrifft, so übernimmt die Rättin wenige Seiten später ganz beiläufig—in einer Seitenbemerkung zwischen Gedankenstrichen—die Urheberschaft für diese warnenden Himmelszeichen: "...wir produzierten grauschwarze Wolken in flüchtiger Rattengestalt..." (169).

Bei ihrem Bericht über den Auslöser der nuklearen Katastrophe gibt die Rättin gleich vier sich widersprechende Variationen. Zuerst erzählt sie (133-39), wie sich die Ereignisse aus menschlicher Sicht in den jeweiligen Computerzentren der beiden Großmächte dargestellt haben. Tierlosungen in den Computeranlagen erbrachten den Schuldbeweis: "Rattenköttel". Die Rättin streitet entrüstet ab.

In der zweiten Version gibt sie genetisch manipulierte Mäuse als Auslösefaktor an (142-45). Aber nach kurzem Nachdenken finden die

Rättin und der Ich-Erzähler diese Version nicht befriedigend: der Untergang des Menschengeschlechts erscheint als banaler Zufall.[41]

Also liefert die Rättin eine dritte Version (145-149), in der sie beschreibt, wie die Ratten sich in die Großcomputeranlagen einschlichen und den Countdown auslösten. Allerdings betont sie: "Wir...lösten nur aus, was der Mensch sich zugedacht hatte..." (148).

In der vierten Version (229, 230-31) macht sie den Ich-Erzähler, den Astronauten in seiner Raumkapsel zur "Fehlerquelle" (229), die den nuklearen Schlagabtausch verursachte: "So konnte der Große Knall...auch ohne Zutun der Ratten ausgelöst werden" (231).

Die Rättin bietet also drei mehr oder weniger (un)wahrscheinliche Erklärungen für die Auslösung der nuklearen Endprogramme: genetisch programmierte Mäuse, Ratten in einer organisierten Aktion, und der Ich-Erzähler als Fehlerquelle im Weltraum. Es ist ihr nicht wichtig, sich festzulegen. Ein paar alternative Möglichkeiten befriedigen als Erklärung: der eigentliche Auslösefaktor ist nicht von Bedeutung, die Ursachen liegen tiefer.

Auch beim Ich-Erzähler finden sich allerhand Widersprüche. Als er in "Damroka" heimlich unter Deck in den Siebensachen der Frauen herumschnüffelt, findet er unter dem Schmuck nichts, was von ihm stammt: "Andenken, Schmuck, Ketten aus geflochtenem Silber, doch kein Stück darunter, das ich zum Geschenk gemacht hätte. Alles fremd. Nichts wollte haften von mir. Sie haben mich abgeschrieben..." (97). Später allerdings, bei der Ankunft der Watsoncricks in "Rättin", bezeichnet er die von den Frauen stammenden Schmuckstücke der Menschenratten als ehemalige Geschenke.[42]

Der Ich-Erzähler beweist ein schlechtes Gedächtnis, als er sich, von der Rättin angeregt, an die Vorfälle bei der Tierschützerdemonstration in "Damroka" erinnert. Er bringt das meiste durcheinander—zum Beispiel beschreibt er die Kleider der Frauen, was in einen anderen Kontext gehört, nämlich zu den Vorbereitungen für den Einzug in Vineta (322)—und widerspricht der ursprünglichen Beschreibung auf krasse Weise. In "Damroka" sagte er, daß die Maschinistin den ersten und die Steuermännin den zweiten Stein geworfen hat; Damroka, die nicht warf, hielt die Frauen vom Betreten des Gebäudes ab (254). Hier der Bericht, den er der Rättin gibt:

> Wahrscheinlich hat die Maschinistin oder die Alte den ersten Stein. Und dann legte die Steuermännin los. Jedenfalls war Damroka, die sonst immer die Langsamste war, als Erste in dem Kasten drin. Die anderen Frauen, jetzt auch die Gotländer hinterdrein. (398)

Der Ich-Erzähler stellt sich auch als Opportunist bloß, der das als gültig erklärt, was ihm am Vorteilhaftesten ist. Den aus Polen zurückgekehrten Oskar Matzerath erklärt er, wir erinnern uns, als Fiktion:

> Natürlich sage ich unserem Herrn Matzerath nicht, daß es ihn nicht mehr gibt....
>
> Neinnein! Nie darf ihm zu Ohren kommen, daß es ihn, winzig und mumienhaft, einzig als Altarschmuck noch gibt, Ratten zur Andacht dienlich...(375).

Wenige Seiten weiter jedoch, in Auseinandersetzung mit der Rättin, vertritt er Oskars Version, die ihm jetzt nützlich ist: "...(es dürfte) unserem Herrn Matzerath schwerfallen, als Winzling und luftgedörrt euch Rattenvölkern Altarschmuck zu sein, wo er doch heimgekehrt, vor wenigen Tagen leibhaftig aus Polen zurück ist" (382).

Die Variationen, Unbeständigkeiten und krassen Widersprüche weisen die Erzählerfiguren als unzuverlässig aus. Ihnen ist nicht zu trauen. Sie nehmen es nicht so genau mit der "Wahrheit", sie neigen zu Übertreibungen, oder spinnen Seemannsgarn, oder haben ein schlechtes Gedächtnis, oder bieten mehrere Versionen einer Begebenheit, oder sagen das, was ihnen im Augenblick nützlich ist. Sie spielen miteinander, und mit dem Erzählmaterial. Sie sind also keine verläßliche Informationsquelle—das stellt die Glaubwürdigkeit ihrer Geschichten in Frage und ironisiert das Dargestellte. Der Leser kann ihre Erzählungen nicht ohne Vorbehalt annehmen. Es ist ihnen nicht völliger, bitterer Ernst mit ihren Geschichten, ihre Erzählungen haben hypothetische Obertöne, enthalten ein verstecktes, konjunktivisches "als ob".

Diese Ironie macht den Erzählvorgang zum Spiel. Das bedeutet einerseits, daß die Erzählerfiguren—trotz des düsteren thematischen Kontexts—Spaß daran haben. Der Ich-Erzähler bringt dies auch zum Ausdruck: "Dem Ende, falls es zu Ende gehen sollte, läuft die Posse voran..." (268).

Andererseits bedeutet Spiel auch Spontanität, Zufall, Willkürlichkeit, Nicht-Festgelegtsein, Offenheit der Form. Dieser Gedanke leitet
über zum Thema der assoziativen Motivvermischungen im nächsten
Kapitel.

DIE MOTIVVERMISCHUNGEN

Die Erzähler vermischen häufig Motive aus verschiedenen Erzählsträngen. Sie tragen Motive aus einem Erzählstrang in den Kontext
einer anderen Geschichte und überspringen damit die in diesem
Roman scharf gezeichneten Grenzen zwischen den Erzählsträngen.
Zwar läßt sich hinter den Motivvermischungen eine thematische
Absicht erkennen, sie sind nicht ohne inhaltliche Funktion, aber
darüberhinaus bedeuten diese Motivvermischungen ein Spiel mit den
Materialien. Verbindungen und Zusammenhänge werden hergestellt
ganz überraschend und spontan, nicht mit kausaler Logik, sondern
mit der Folgerichtigkeit bildhafter Assoziationen. Diese Assoziationen
wirken oft weit hergeholt, willkürlich, zufällig, sie erscheinen als
Resultat eines spontanen Einfalls. Momentanen Eingebungen wird
also nachgegeben und nachgegangen, und diese Umsetzung des
Augenblicks, der Gegenwart, des Arbeitsprozesses in die Komposition—hinter den Erzählerfiguren steht ja der Autor—hat eine
improvisatorische Dimension: die Form ist offen, ist durchlässig.
Und sie verweist auf sich selbst—der Kompositionsvorgang selbst
wird zur Form, oder umgekehrt, die Form ist der Vorgang. Schon zu
früheren Erzählwerken von Grass ist dieser Meta-Roman Aspekt—die
Entstehung als Thema der Darstellung, die Form, die sich selbst zum
Inhalt macht—bemerkt worden.[43]

Die Form als Vorgang zu bezeichnen, als offen, durchlässig,
bedeutet auch, daß sie nicht völlig durchgeplant ist. Dies entspricht
ganz der Kompositionsauffassung von Grass. Für ihn ist die Durch-
lässigkeit der Form Grundbedingung für epische Muster. Die Form-
konzeption muß dem Autor Entwicklungsmöglichkeiten bieten,
Spielraum für spontane Einfälle, sie darf nicht zu einem Korsett
werden; ohne diese Flexibilität des formalen Rahmens kann es nicht
zu "epischem Überfluß" kommen, womit wohl die Ideenfülle, der

stilistische Reichtum, gemeint ist, der aus assoziativen Kettenreak-
tionen kommt—das Phantasiepotential, die Sprachgewalt, die ja an
ihm immer gerühmt wird."

Im Vorgang der Form wird also der assoziativen Eigendynamik
der Einfälle—oder der Dynamik der Assoziationen—ihre Willkürlichkeit belassen, der Zufall wird zu einem Strukturelement, die Unge-
ordnetheit zu einem Ordnungsprinzip. Die Vermischung von Motiven—oder Aufhebung von Unterscheidungen—ist gleichzeitig auch
die Verbindung von Verschiedenartigem—von verschiedenen Zeitebenen, Erzählsträngen—, das Schaffen von Einheit. Hier kommt der
inhaltliche Aspekt ins Spiel, die thematische Funktion der Motivvermischungen. Im folgenden werden wir zwei Komplexe von Motivvermischungen untersuchen, den Motivkomplex der Geschichte des
Rattenfängers von Hameln und die Vermischungen im Zusammenhang mit Malskats Kirchenmalereien.

In losem Zusammenhang mit der Gegenwart des Schreibvor-
gangs, dem auktorialen Ich am Schreibtisch als sechstem Erzähl-
strang, gehören die Variationen zur Geschichte des Rattenfängers von
Hameln. Der Hameln Komplex nimmt seinen Ausgang von einer
Reportage im Radio anläßlich der Siebenhundertjahrfeier dieser
Begebenheit."

Der Ich-Erzähler liefert einen kritischen Bericht zu der Rattenfängergeschichte von Hameln: "Da wollen wir hin. Dort sollen der
alten Lügengeschichte einige Wurzeln gestochen werden. Das sind
wir uns schuldig" (58). Er stellt fest, daß die ursprüngliche Überlie-
ferung nur von dem Auszug von einhundertdreißig Kindern spricht,
die von einem Pfeifer entführt wurden; die Ratten wurden der Legende erst fünfhundert Jahre später beigegeben.

Mögliche historische Erklärungen für den Auszug der Kinder sind
"die Vertreibung der damals lästigen Flagellanten" oder "die Abwer-
bung Hämelscher Jungbürger in östliche Siedlungsgebiete" (59). An
einer späteren Stelle erweitert der Ich-Erzähler die zweite Möglichkeit auf bezeichnende Weise:

> ...junge Leute...wanderten in Richtung Osten, nach Mähren
> und Polen bis in die Kaschubei und ins Vineterland, wo sie an
> den Ufern der Ostsee siedelten. (409-10)

Das läßt aufhorchen, erinnert es den Leser doch an die Erzählung von der Geschichte Vinetas, die Damroka an einer früheren Stelle im Roman gegeben hat:

> Doch dann sind fremde Leute, hundertunddreißig Weiber und Kerle von der Weser hergekommen, wo sie ein Stadtpfeifer, der aber ein reisender Werber war, mit honigsüßen Versprechungen abgeworben hatte. Neusiedler hat man die genannt. Mit ihrer Ankunft—das war auf Martin anno zwölfhundertvierundachtzig—beginnt der Untergang der Stadt Vineta, denn die Kerle unter den Neusiedlern sind strikt gegen die Weiberherrschaft gewesen und haben außerdem vieltausend Ratten in ihrem Gefolge gehabt...(291).

Die Legende der Kinder von Hameln ist also schon als Motiv in "Damroka" eingeflochten.

Umgekehrt werden nun aber auch Motive aus anderen Erzählsträngen in den Hameln Komplex eingebaut. Der Ich-Erzähler liefert innerhalb zweier aufeinanderfolgender Kapitel und im Abstand weniger Seiten zwei erweiterte Versionen der Rattenfängergeschichte. In der ersten Version macht er die 130 Kinder von Hameln zu in Ratten vernarrte Punks[46]: "Und wie die Punks oder Punker heute, trugen damals die Hämelschen Kinder ihre Lieblingsratten auf der Schulter, ins Haar gebettet und unterm Hemd. Aus Taschen und Beuteln guckten Rättlein hervor" (410). Die gotischen Punks werden zusehends rattenverückt, sie sabotieren die öffentliche Ordnung und werden aus diesem Grund auf Ratsbeschluß von einem Pfeifer in eine Höhle gelockt und dort eingemauert.

Die zweite Version (440-43) ist eine Fortführung der ersten, sie enthält eine Erweiterung durch das Motiv Rattenmenschen. Unter den Hameln Kindern ist ein Mädchen—Gret genannt—, das ganz besonders in eine Ratte—namens Hans[47]—vernarrt ist, und als Folge ihrer Intimitäten mit Rattenmenschdrillingen niederkommt.[48]

Der Ich-Erzähler bastelt sozusagen an der Geschichte, er liefert zwei Variationen, und trägt dabei Motive aus anderen Erzählsträngen—aus "Rättin" und "Märchenwald"—in seine Entwürfe hinein. Diese Motivvermischungen haben etwas Ausschweifendes, Ungeordnetes; alles wird mit allem überlagert, die Assoziationen wuchern geradezu.

Es steckt etwas Anarchisches in diesem Vorgang der Motivvermischung, eine spielerische Willkürlichkeit, eine Übertreibung voller
Ironie. Der Ich-Erzähler, der sich empört gibt über die historische
Verfälschung der Hameln-Legende durch die Beigabe der Ratten,
verfälscht die Geschichte selbst, er gibt ihr ganz eigene, also willkürliche Zusätze. Der rekonstruierte historische Kern der Begebenheit
wird zu einer neuen "Lügengeschichte" ausgebaut.

Grass hat betont, und hier bietet sich die Gelegenheit, dies zu
erwähnen, daß seine Erzählform vom Märchen herkommt: "Ich habe
die Märchenform, das 'Es-war-einmal-Erzählen', von Anfang an
benutzt, von der *Blechtrommel* angefangen...."[49] Ursprünglich sollte
der *Butt* die Gattungsbezeichnung "Märchen" tragen; und wenn die
Rättin gattungsmäßig nicht bestimmt wurde, dann war vielleicht der
Grund, daß Grass seinen Roman wenn nicht "Märchen", dann lieber
gar nichts nennen wollte.[50] Märchen sind für ihn eine erweiterte
Form der Realität; eine solche Erweiterung ist zum Beispiel der
formale Trick der "Zeitweil" des Erzählers im *Butt*.[51] Auch in der
Rättin haben wir dieses Hin- und Herspringen zwischen verschiedenen Zeitebenen, wobei hier das Es-war-einmal auch ein Es-wird-
sein ist. Um auf die Variationen und Motivvermischungen zurückzu-
kommen: Manfred Durzak sieht auch dieses freie und spontane
Erzählen als eine Form des Märchens. "Das unbändige und ungebän-
digte Variationsprinzip, das Improvisationsrecht des Erzählers, der
seinen Faden kunstvoll verknotet, kappt und wieder verknüpft da, wo
es ihm sinnvoll erscheint, aus der Eingebung des Augenblicks heraus
und nicht notwendig immer an derselben Stelle, der Verzicht auf die
Endgültigkeit einer funktional durchgeplanten literarischen
Form"—all das erklärt Durzak aus dem ästhetischen Gesetz des
Märchens, das ja, so sollte man hinzufügen, ursprünglich eine
mündliche Erzählform ist, die, im Gegensatz zur schriftlichen Fixie-
rung, noch Raum bietet für Variationen.

Was ist die Funktion für die Erweiterung der Hamelngeschichte
im Kontext des Romans? Der Ich-Erzähler illustriert und dokumen-
tiert damit sozusagen seine These der Punks als Reinkarnation der
mittelalterlichen Flagellanten; es ist die Gleichsetzung von Mittelalter
und Gegenwart als zwei Epochen des Verfalls, des bevorstehenden
Untergangs. Er tut damit, was er anfangs Matzerath als Projekt
vorgeschlagen hatte, nämlich "den Wahn des Jahres 1284 mit heu-

tigen Ängsten, das Flagellantenwesen des Mittelalters mit gegenwärtigen Massenaufläufen mediengerecht zu verquicken" (43). Und was
das Motiv Rattenmenschen betrifft, so macht er diese Zukunftvision
real, indem er sie in eine vergangene Begebenheit einbaut.

Und noch etwas ist zu diesen Motivvermischungen zu sagen. Sie
wirken sehr spontan, man hat den Eindruck, es wird improvisiert mit
den Assoziationen, eine gute Gelegenheit zur Vermischung wird
ausgenützt, ein guter Einfall wird eingebaut. Es wird ein Spiel
getrieben mit den Motiven; es wird fröhlich mit den Motivvermischungen übertrieben, oder wenigstens wird es sehr weit getrieben
damit, und zwar augenzwinkernd: das Spiel ist die Ironie.

Ein weiterer, interessanter Komplex von Motivvermischungen
findet sich im Zusammenhang mit "Malskat". Sowohl Matzerath als
auch der Ich-Erzähler sind ständig bestrebt, Motive aus anderen
Erzählsträngen in die Fälschergeschichte einzubauen. Die Kirchenma-
lerei mit ihrem Reichtum an Motiven regt die Phantasie der beiden
Erzähler an zu assoziativen Verknüpfungen. Matzerath zum Beispiel
will seine These vom Fälschertrio in Malskats Malerei verbildlicht
sehen.[52]

Auch zu Spekulationen mit dem Motiv Rattenmenschen verführen
Malskat Bilder. Der Ich-Erzähler greift den Gedanken von Matzerath
auf; er macht drei Anläufe, dieses Motiv in "Malskat" einzuflechten.
Hier der erste Versuch:

> Und...wenn [Malskat]...die Vereinigung, mehr noch: die
> Versöhnung von Ratte und Mensch in gotischer Manier ge-
> lungen wäre?
>
> Es sind aber bei Malskat Ratten nicht nachzuweisen. (201)

Der Konjunktiv markiert dieses Zitat als hypothetische Überlegung,
als theoretische Spekulation, als Wunschdenken, das im indikati-
vischen letzten Satz wieder auf den Boden der Realität gebracht und
negiert wird.

Im zweiten Versuch ist der Ich-Erzähler überzeugender. Das
Folgende klingt ganz plausibel—Malskat hatte in sein Deckengemälde
zahlreiche kleinere Motive eingebaut, die mit dem Hauptwerk zerstört
wurden. Nachträglich läßt sich jetzt allerlei behaupten:

> ...im gemalten mittleren Kapitell des sechsten Jochs findet sich
> eine Miniatur, die drei Menschlein mit spitzschnäuzigen Tier-

> köpfen, die zu dritt Flöte blasen, in einem Ornament vereint,
> das ganz natürlich dem Rankenwerk im Kapitell zuflösse,
> stünde nicht hinweisend in Kalkmörtel geritzt: "So geschehn
> auf joanis und paul zu hamelen".
>
> Deutlich sind es drei Knäblein, die Flöte blasen. Nacket sitzt
> das Terzett. Der Knäblein Häupter Rattenköpfchen zu nennen,
> habe ich keine Scheu...(446).

Die Hameln Version Nummer zwei ist hier in "Malskat" eingebaut. Aber auch diesmal nimmt der Erzähler seine Ausführungen zurück; er hat keine beweiskräftigen Belege: "...doch soll diese späte Entdeckung, die—zugegeben—auf unscharfen Ablichtungen beruht, kein nachgereichtes Beweisstück für den Lübecker Bildfälscherprozeß sein..." (446).

Der dritte Versuch wird nicht mit dem Motiv Rattenmenschen unternommen, sondern mit einem anderen zentralen Motiv der neohumanen Phase in "Rättin", der Verbindung Ratten—Sonnenblumen—Tauben.[53] Diesmal macht der Ich-Erzähler einen Sprung zurück in die Vergangenheit und besucht Malskat bei der Arbeit in der Lübecker Marienkirche, um ihn dazu zu überreden, Sonnenblumen, die von Ratten gegen Taubenfraß geschützt werden, als Motiv in sein Deckengemälde einzubauen:

> Malskat ist nicht abgeneigt. (...)
>
> Er sagt: Es ließe sich dieses hochgotische Motiv leicht auf die
> Pest zurückführen, jene Plage, die ab Mitte des vierzehnten
> Jahrhunderts mit Hilfe der Schwarzen Hausratte und einer
> inzwischen ausgestorbenen Feldtaubenart in ganz Europa
> heimisch wurde, und als Gottesgeißel überall die Christen-
> menschen lehrte, das Weltende kommen zu sehen...(366).

Der Ich-Erzähler hat den Maler also gewonnen, die Motivverknüpfung ist möglich gemacht, da überlegt er sich eines Besseren, er braucht die Vernüpfung nicht:

> Neinnein! rufe ich und steige vom Gerüst. Das kriegen wir
> ohne Ratten und Tauben hin. Uns ist keine Pest als Gottes-
> geißel vonnöten. Der Mensch hat sich seit Malskats hochgo-
> tischen Zeiten weiterentwickelt. Ganz aus sich, selbstherrlich,
> mündig endlich, kann er Schluß mit sich machen...(366).

Am Ende des Erzählstrangs werden alle spekulativen Assoziationsverknüpfungen von Malskat selbst abgelehnt. Matzerath fragt ihn

nach dem Wahrheitsgehalt dieser Gerüchte: "Sagen Sie, bester
Malskat, es heißt, Sie hätten im Ornament der Kapitelle, desgleichen
im Faltenwurf Ihrer Heiligen gelegentlich Ratten, einzeln und paarweise Ratten versteckt..." Malskat streitet ab: "Eine Menge Fabel-
getier gewiß, ...aber Ratten niemals, die wären selbst im Traum ihm
nicht eingefallen" (476).

Man fragt sich nach der Funktion dieser Assoziationsversuche.
"Malskat" ist der einzige Erzählstrang mit dokumentarischem Charakter, aus dieser Sicht könnte eine fiktionale Motivverknüpfung
unangemessen sein. Aber der Versuch einer Verknüpfung, die Spekulation genügt ja bereits, um eine Assoziationsverbindung herzustellen:
das, was als gescheiterter Versuch dargestellt ist, hat in Wirklichkeit
seine romantechnische Funktion erfüllt.

Offensichtlich ist für die Erzählerfiguren die Kategorie fiktio-
nal—real von Bedeutung. Warum wollen Matzerath und der Ich-
Erzähler diese Assoziationsverknüpfung mit allen Mittel, warum
machen sie mehrere Verknüpfungsversuche? Schauen wir uns die
Stelle im Roman an, als Matzerath auf die Idee kommt, das Motiv
Rattenmenschen in "Malskat" einzuflechten:

> "Warum nicht!" ruft per Telefon unser Herr Matzerath. (...)
> "Warum nicht Rattenmenschen...." (...)
>
> Unser Herr Matzerath läßt sich von seinem Chauffeur Bruno,
> dem schon zu Pflegeheimzeiten Oskars Gespinste *Wirklichkeit*
> waren, in seinen Ansichten bestätigen. Das Monstrum gefällt,
> zudem der Rattenmensch ohne Umwege zu Malskat und dessen
> Bildern führt: "Hätte der Maler, nachdem er in Schleswigs
> Dom einen gotischen Truthahnfries gemalt hatte, der endlich
> Bewegung ins starre Geschichtsbild brachte, weitere Fabel-
> wesen auf Kalkmörtel übertragen, wäre des Menschen uralter
> Traum, als Mensch auch Tier sein zu dürfen, abermals *bild-
> kräftig* und allen Kunstexperten *glaubhaft* geworden". (196,
> meine Hervorhebungen)

Die Assoziationsverbindung ist für die Erzählerfiguren so ver-
lockend, gerade wegen des dokumentarischen Charakters der "Malskat" Erzählung. Die Motivvermischung würde den fiktionalen Erzählstrang "Rättin", den Traum des Ich-Erzählers, das Hirngespinst
glaubhaft und glaubwürdig machen und ihm Legitimität verleihen.

Wieder ist die Ironie dieser Motivverknüpfungen hervorzuheben: In der Fälschergeschichte "Malskat" versuchen die beiden Erzähler, selbst Fälschungen herzustellen. Und diese Fälschungsversuche, die verschiedenen Versionen, die Suche sind Spiel, sind Improvisation: weniger das Ergebnis als der Vorgang selbst ist der Zweck.

Fassen wir die Ergebnisse des zweiten Teils noch einmal zusammen. In Auseinandersetzung der Erzählerfiguren entwickelt sich der Erzählvorgang; er wird dargestellt in der Überlagerung der Erzählerperspektiven, in der kontrapunktischen Führung der Erzählstimmen. Durch die assoziativen Entwicklungsmechanismen erscheint dieser Vorgang dabei improvisatorisch, offen für momentane Eingebungen, frei für Umsetzungen des Augenblicks; und indem der Vorgang sich selbständig macht—indem er eine eigene Dynamik entwickelt, und auch indem er zum Selbstzweck wird, die Form sich selbst beschreibt, zum Thema wird—wird er zum Spiel, wird er zu einer Übertreibung, wird er ironisiert.

Schließlich bedeutet die Form als Vorgang auch den Verzicht auf Abgeschlossenheit, auf endgültige Ausgeformtheit, sie bedeutet geradezu Ablehnung von Perfektion und Vollendung; das sich selbst ironisierende Spiel hat einen durchaus anarchischen Beigeschmack: die Unterwanderung bitterer Ernsthaftigkeit entspricht der Verweigerung von nüchterner, definitiver Endgültigkeit. Dazu mehr im vierten Teil.

ANMERKUNGEN

1.

> Daß mit dem *Tagebuch einer Schnecke*, und nun mit dem *Butt*
> konsequent vorangetrieben, ich zum ersten Mal das Autoren-
> Ich als Erzähler-Ich einführe und das sonst, wie bei der *Blech-
> trommel* oder bei den *Hundejahren*, von vornherein gesetzte
> fiktive Erzähler-Ich ablöse, und daß ich dann beim *Butt* dieses
> Autoren-Ich nach einer gewissen Zeit in ein fiktives verwandle,
> aber immer in Korrespondenz zum Autoren-Ich—das ist meiner
> Meinung nach für mich ein neuer Vorgang....

Heinz Ludwig Arnold, "Gespräche mit Günter Grass", *Text und
Kritik* 1/1a (1978) 28.

2. Patrick O'Neill spricht von einem "narrative duel, a contest of
stories, worlds, realities". "Grass's Doomsday Book: *Die Rättin*",
Critical Essays on Günter Grass, Hrsg. Patrick O'Neill (Boston:
Hall, 1987) 214.

3. Kniesche sieht von seinem psychoanalytischen Ansatz her den
Autor externalisiert in der Stimme des Erzählers, des Autors und des
Traumerzählers. Die Rättin ist dabei das Medium des
Traumerzählers. "*Die Rättin*: Günter Grass und die Genealogie der
Post-Apokalypse", 225-26.

4.

> Neuerdings träumt sie mir...; meine Tagträume, meine Nacht-
> träume sind ihr abgestecktes Revier. Keine Wirrnis, der sie
> nicht nacktschwänzig Gestalt gäbe. Überall hat sie Duftmarken
> gesetzt. Was ich vorschiebe—schranktiefe Lügen und Doppel-
> böden—, sie frißt sich durch. Ihr Nagen ohne Unterlaß, ihr
> Besserwissen. Nicht mehr ich rede, sie spricht auf mich ein.
> Schluß! sagt sie. Euch gab es mal. Gewesen seid ihr, erinnert
> als Wahn. Nie wieder werdet ihr Daten setzen. Alle Perspek-
> tiven gelöscht. Ausgeschissen habt ihr. Und zwar restlos.
> Wurde auch Zeit! (10)

5.

> Es war eine Raumkapsel, in der ich angeschnallt saß und
> meiner Umlaufbahn folgen mußte. (...) Ich...saß fest in einer
> Raumkapsel und rief: Erde! Antworten Erde!
> Doch mein Monitor zeigte einzig die Rättin. Nur sie gab Ant-
> wort, war gesprächig. Verzweifelt mochte ich schreien: Wir
> sind noch! Es gibt uns! Wir geben nicht auf! —sie blieb unge-
> rührt und sprach von vergangenen Zeiten...(69).

6.

> Aber ich bin doch da! rief ich. In meiner Raumkapsel: ich. Auf
> meiner Umlaufbahn: ich. In deinen und meinen Träumen: ich,
> du und ich! (278)

7.

> Indem wir unserer preiswürdigen Ratte zum Nobelpreis gratu-
> lieren, sagen wir Glückwünsche ihm, der noch nicht ist, den
> wir ersehnen.... ...bald, rufe ich, bald, bevor es zu spät ist,
> möge er sein: der herrliche Rattenmensch! (195)

8. Es ist anzumerken, daß der Inhalt beider Reden des Ich-Erzählers in dem Bericht der Rättin bereits angelegt ist; er läßt sich eindeutig auf zwei Passagen zurückführen. Die Anlage für die Bundestags-
rede findet sich auf den Seiten 169-72, in folgenden Punkten: 1) der
Erwähnung eines Abkommens zwischen den "Schutzmächten" zur
Festlegung von "Schonzonen"; 2) der Bewahrung städtischer Bausubstanz, insbesondere von Danzig, durch die Neutronenbombe; 3) der
Beschreibung der Wirkung der Neutronenbombe auf den menschlichen Organismus.

Auch die Nobelpreisrede findet sich im Ansatz in dem Bericht der
Rättin:

> Was sie in ihren Laboratorien mit uns angestellt haben, das
> heißt, was sterilen Züchtungen, den vergleichsweise törichten
> Laborratten zugemutet wurde, ist gewiß, streng wissenschaft-
> lich gewertet, beachtlich—ohne uns keine Humanmedizin!—,
> hätte aber im Umgang mit freilebenden Ratten, die aus Labor-
> sicht arrogant Kanalratten genannt wurden, zu ganz anderen,
> den Menschen umdisponierenden Ergebnissen führen können;
> ein uns heute noch erregender, epochaler, ein, selbst nach
> humanen Maßstäben gewertet, preiswürdiger Gedanke. (185)

Dieser Gedanke wird natürlich in der Weiterführung des Ich-Erzählers mit dem Nobelpreis gewürdigt. Die Vorstellung von Menschenratten ist hier nur vage angedeutet, und steht noch im irrealen Konjunktiv; immerhin wird sie aber, in Vorwegnahme der weiteren Entwicklung des Erzählstrangs zur neohumanen Phase, als geschichtsverändernd, "epochal" aufgefaßt.

9.

> Anfangs retteten wir uns in Gelächter: Sind die nicht komisch, zum Totlachen komisch? Diese Henkelarme! Dieses, bei durchgedrückten Knien, gestelzte Gehen. Wie die Männchen beim Pissen ihr Geschlecht verdecken, die Weibchen sich hocken. Ihre umständlichen Begrüßungen und feierlichen Gesten. Wirklich, komische Käuze sind sie! (425)

10.

> Warum abermals Oskar? Hätte er nicht dreißig Jahre alt und in seiner Heil- und Pflegeanstalt bleiben können? Und wenn schon gealtert und neuerdings medienverrückt, warum dann zum Hundertundsiebten erst? Weshalb nicht vor Jahren, als es Anlaß genug gab, die runde Zahl zu feiern? Und warum verbat sich Anna Koljaiczek zu allen abgefeierten Geburtstagen Umstände oder--wie sie es nannte--Fisimatenten, bis sie endlich doch einladende Postkarten in alle Welt verschicken ließ? Weil sie von Unruhe bewegt war, die mit ihr auf der Bank vorm Haus Platz nahm. Weil ihr seit Jahren inständiger Satz, "Nu mecht baldich zuende jehn", nicht mehr nur sie, die Uralte meinte, sondern sich umfassend festigte: "Nu mecht baldich aus sain mid alles was is". (218-19)

11. *Örtlich Betäubt*, *Das Treffen in Telgte* und *Kopfgeburten* sind die Ausnahmen.

12.

> Nun erzählt unser Herr Matzerath, wie er und Bruno Münsterberg im Jahr fünfundfünfzig "ganz von vorne angefangen haben". Nach dem Messerschmitt-Kabinenroller sei es bald ein Borgward, dann aber doch ein Mercedes 190 SL gewesen, den sein Chauffeur immer noch fahre, mittlerweile ein seltenes Stück. (32)

13.

> Es gilt, jemanden zu begrüßen. Ein Mensch, der sich als alter Bekannter vorstellt, behauptet, es gäbe ihn immer noch. Er will wieder da sein. Gut, soll er. (28)

14.

> Ich jedenfalls habe unseren Herr (sic!) Matzerath nicht ableben lassen, doch fiel mir zu ihm nichts Sonderliches mehr ein. Seit seinem dreißigsten Geburtstag gab es keine Nachricht von ihm. Er verweigerte sich. Oder war ich es, der ihn gesperrt hatte? (29)

15. Oskar sieht die *Blechtrommel* als seine Autobiographie an, und von der Erzählform her gesehen ist dieser Roman ja der Bericht des Protagonisten, worauf uns der Ich-Erzähler selbst hinweist:

> Doch Aufzeichnungen über sein Herkommen oder Bekenntnisse gar macht er keine mehr...(62).

16.

> Sein Satz: "Zum Glas hatte ich schon immer eine besondere Beziehung" kränkte mich; erst vor den gerahmten Fotos des seinerzeit bekannten Musikclowns Bebra sah er in mir den Zeitgenossen und sagte: "Sie wissen, daß Bebras Erfolge als Konzertmanager auf meinen medialen Fähigkeiten beruhten. Wie viele Großauftritte bei vollem Haus!" (164)

17.

> Plötzlich, entrückt seiner Chefetage...hätte er Hintergrund wieder, ein Herkommen, kaschubischen Stallgeruch. (163)

18.

> Was heißt hier: ihm fehlt sein Milieu! Ein erfolgreicher Unternehmer kann auch ohne Hintergrund existieren. (164)

19.

> ...wenn es gelingen könnte, unseren Herrn Matzerath als Produzenten zu gewinnen, ihn, der sich schon immer für Katastrophen erwärmen konnte und allzeit schwarzsah, dann müßte ich ihn mit der weiteren Filmhandlung, was alles im toten Wald und sonstwo geschehen soll, bekanntmachen und ihm genaue Personenbeschreibungen vorlegen; denn Oskar, der

mit eigenwüchsigen Einzelheiten gern hinterm Berg hält, liebt
das Detail. (91)

20.

Um ihn, der den Film produzieren soll, endgültig zu gewinnen,
werde ich des Kanzlers Kinder mit Eigenschaften staffieren, die
unseren Oskar an das Personal seiner Kindheit erinnern. Hat
nicht, genau besehen, des Kanzlers Tochter eine gewisse
Ähnlichkeit mit einem spillerigen Mädchen, das Gertrud Pokriefke hieß, Tulla, überall Tulla gerufen wurde.... Und erinnert
uns nicht des Kanzlers Sohn...an einen Knaben, der Störtebeker
genannt wurde und als Anführer einer Jugendbande die Stadt
Danzig und deren Hafengelände unsicher machte? (92-93)

21.

So wächst sich unser Gespräch für ihn zum Entwurf der Ära
Adenauer-Malskat-Ulbricht aus. "Drei Meisterfälscher!" ruft
er. "Wenn es Ihnen gelingt, meine, zugegeben, noch nackte
These zu kleiden, wird sie filmisch einleuchtend sein". (42)

22.

Zwar versuche ich, unserem Herrn Matzerath sein gesamt-
deutsches "Fälschertriumvirat" auszureden, verspreche ihm
aber dennoch, dem Fall Malskat nachzugehen. (42)

23.

Mir wird geraten, einzig dem Fall Malskat nachzugehen. Auf
meine Bitte, endlich auch andere Projekte zu bedenken, antwortet er in Eile: "Über den Wald und Hameln reden wir
später!" (63)

24.

...zu Recht sieht unser Herr Matzerath das Triumvirat Adenauer, Malskat, Ulbricht selbdritt tätig. Noch vor Beginn jener
Jahre, die er die falschen Fuffziger nennt, hätten sie begonnen,
aus bröckelndem Nichts das Alte neu zu erschaffen und alle
Welt meisterlich zu täuschen, ein jeglicher auf seine Art. (388)

25.

Soll ich jetzt schon Druckmittel androhen, damit er einwilligt,
als Produzent endlich ja sagt? Er sollte wissen: solange sein
Wort fehlt, verzögert sich die geplante Reise. (124)

Er sagt: "Sobald ich aus Polen zurück bin vielleicht..." Ich sage: "Es könnte mir im Nebensatz einfallen, Ihr Visum einfach verfallen zu lassen". "Erpressung!" nennt er das, "Autorenhochmut!" "Na gut", sagt er, "ohnehin wird der Wald nur noch im Film zu retten sein". (125)

26.

Weg ist er und ich bin ihn los. Nie wieder soll er. Keine Einsprüche seinerseits mehr. Er wird unter den Röcken ein Weilchen noch schrumpfen und beim Eintritt des Todes, wie es geschrieben steht, gänzlich entsaftet sein. (329)

27.

"Einspruch! ich sehe schwarz für den Film...."
Da ist er und spricht dazwischen. Chef will er wieder und Produzent sein. Dabei ist ihm die Polenreise schlecht bekommen. Sie hat ihn altern lassen. Nicht mehr straff, knickbeinig steht er und meidet den Spiegel. Sein grämlicher Blick ist voll innerer Pein. Zwar immer noch maßgeschneidert, schlottert das Zeug an ihm. Was mag unserem Herrn Matzerath unterwegs widerfahren sein? (372)

28.

Natürlich sage ich unserem Herrn Matzerath nicht, daß es ihn nicht mehr gibt; soll er doch weiter so tun, als ob er Chef ist. ...Neinnein! Nie darf ihm zu Ohren kommen, daß es ihn, winzig und mumienhaft, einzig als Altarschmuck noch gibt, Ratten zur Andacht dienlich; denn alle Ärzte sagen: Keine Aufregungen! Unser Herr Matzerath muß geschont werden. (375)

29.

"Nicht wahr? Sie haben mich abschaffen, regelrecht umbringen wollen. Es war ihre Absicht, meine Geschichte weitweg in Polen, unter den Röcken meiner Großmutter zu beenden. Ein jedermann plausibler, und doch zu naheliegender Schluß. Mag sein, daß ich mich überlebt habe; doch so ist Oskar nicht zu eliminieren!" (393-94)

30.

"Ihr Hang zu vorschnellen Abrundungen könnte mir durchaus verständlich sein, mehr noch: ich begreife, daß meine Existenz stört. Ich soll nicht mehr dreinreden dürfen. Sie wünschen, mich loszuwerden. Niemand soll zukünftig, wenn er Sie meint, auf mich verweisen können..." (394).

31.

...obgleich mir mein Ende gründlich vorbedacht worden war, kehrte ich, wenn auch leidend, von den kaschubischen Äckern zurück. Zwar wird, sobald ich sechzig zähle, ein Eingriff nicht zu vermeiden sein, doch dürfen Sie sicher bleiben, daß nicht ich Gefahr laufe, dieser Welt enthoben zu werden; vielmehr sind Sie es, der sich verflüchtigt hat und nun schwebt, als habe man ihn—und sei es aus Spaß nur—in eine Raumkapsel verwünscht... (395)

32.

Beiläufig erfuhr ich, daß an eine Produktion von "Grimms Wälder" vorläufig nicht zu denken sei. Das teilte mir der Prokurist der Firma "Post Futurum" mit. Es solle demnächst, wenn mich das tröste, der Fall Malskat aufgegriffen werden. (493)

33.

Auf dem handkolorierten Stich...hat ein Rotstift vor Usedom, östlich der Peenemündung einen Kreis gezogen, dessen Eintragung den Namen der versunkenen Stadt verrät. Nun sicher, wohin die Reise geht, lege ich den Stich gefaltet an seinen Ort im Seesack zurück. (97)

34. Dieselbe formale Erscheinung hat Helmut Koopman beim *Butt* beobachtet, "Between Stone Age and Present or The Simultaneity of the Nonsimultaneous: The Time Structure", *The Fisherman and His Wife* 82-82; und auch J.W. Rohlfs, "Chaos or Order? Günter Grass's *Kopfgeburten*", *Critical Essays on Günter Grass* 197, 201.

35.

Erstaunlich ihr Interesse an Wasserständen. (...) Doch ohne Interesse ist meine Weihnachtsratte, wenn, was aktuell ist, gemeldet wird. Überall laufen ungelöst Probleme herum. Einzig Krisen wird Wachstum nachgesagt...(101).

36.

Als ich mich vorsichtig versicherte, hatte die Rättin, von der mir träumt, nichts einzuwenden gegen die Auferstehung unseres Herrn Matzerath. ...[Sie] sagte...beiläufig: Weniger maßlos als vormals, bescheidener wird er auftreten. Er ahnt, was sich so trostlos bestätigt hat...(30).

37.

Meine Weihnachtsratte mag das nicht, wenn ich dem Maler Malskat nachlaufe. (79)
Ich ahne, weshalb meine Weihnachtsratte unruhig wittert..., sobald ich mich über die vergilbten Fünfziger hermache. Wie ohne Erinnerung soll ich sein und mich immerfort fragen, was morgen schon Schlimmes geschehen könnte. (80)

38.

Da sprach sie wie mit einem Kind zu mir: Ist ja gut. Mach nur weiter. Träume, Freundchen, was dir noch einfällt, Frauen, so viele dir guttun, Malskatsche Gotik, deines Herrn Matzeraths Golddukaten.... Tu so, als sei das Menschengeschlecht noch da. Glaub einfach, daß es euch noch gibt: zahlreich und emsig. Du hast Pläne. Du willst den Wald retten. Laß ihn heil werden, laß das Forschungsschiff fahren und erlaube den Frauen, die dir so lieb sind, alle Ohrenquallen und Heringslarven des Baltischen Meeres zu zählen, laß unentwegt den Maler auf Kalkmörtel täuschend Truthähne und Madonnen malen und laß dein bucklichtes Männlein endlich seine Polenreise antreten, es könnte sonst das Visum verfallen. Ach ja, sagte die Rättin, bevor sie verging, und höre, als gebe es Nachrichten immer noch, dein Drittes Programm...(163).

39.

...(es) verlangt...ihn, gefilmt zu sehen, was alles geschah, bevor es das Medium Film gab, zum Beispiel die Einschiffung in Noahs Arche. Nach streng geführter Strichliste soll alles, was kreucht und fleucht, paarweise ins Bild kommen: der Warzeneber, die Warzensau, Gans und Ganter, Hengst und Stute, und immer wieder das eine, besondere Paar, das nicht in die Arche darf und unverzagt dennoch versucht, sich zwischen die zugelassenen Nager zu schmuggeln. (61/62)

40.

Nun ja, sagte die Rättin. Das mit den Flugschnecken, Unterwasserspinnen und lebendgebärenden Fliegen stimmte natürlich nicht. Nur dir zur Unterhaltung, weil du Gefallen findest an

Lügengeschichten, fielen uns solch schauerliche Viecher und
abartige Monster ein. (360)

41.

Bei aller Tragik, ist es nicht albern und einleuchtend zugleich,
daß es Mäuse, niedliche Labormäuslein gewesen sind, die dem
stolzen und herrlichen, dem vielvermögenden Menschengeschlecht das Ende bereitet haben? Gewiß, das alles hört sich
frivol an. Niemand, der auf sich hält möchte so banal ins Aus
geführt werden.
Mir war, als grübelte die Rättin.
Sprich nur! rief ich.
Es fehlt ein gewisses Etwas.
Ja! rief ich, die Perspektive!
Sie sagte: Wie ein gedankenloses Versehen, wie menschenüb-
licher Pfusch mutet das Ganze an.
Ich bestätigte: Eine erbärmliche Panne. (144)

42.

Das ist, rufe ich im Traum, ein aus feinem Silberdraht gewirk-
ter Gürtel, den ich zuletzt in Damrokas Seesack zwischen
Krimskram gesehen habe; der ist nun jener Hochschwangeren
um den Leib nicht zu eng. Und jenes Korallenkettchen, das
einer anderen Schwedischmanipulierten unterm Rattenkopf
Schmuck ist, schenkte ich einst—aber das wird sie vergessen
haben—der Meereskundlerin, als wir einander noch gut waren.
Auch aus der Schatulle der Steuermännin erkenne ich dieses
und jenes Stück wieder, das sie, obgleich es bald aus mit uns
war, zu tragen nicht müde wurde. Ohrringe! Eine der weiblichen Rattenmenschen, schwanger wie alle, trägt Ohrringe mit
Klunkern dran; wenn ich nur wüßte, wem ich wann diese
Kostbarkeiten—ich weiß noch den Preis—auf den Geburtstags-,
den Weihnachtstisch gelegt habe oder auf Muttertag...(421).

43. Zu *Kopfgeburten*: Rohlfs, "Chaos or Order? Günter Grass's
Kopfgeburten", *Critical Essays on Günter Grass*, Hrsg. Patrick
O'Neill, 203. Zum *Butt*: Manfred Jurgensen, *Erzählformen des
fiktionalen Ich* 138. Helmut Koopmann, "Between Stone Age and
Present or The Simultaneity of the Nonsimultaneous: The Time
Structure", *The Fisherman and His Wife* 81. Manfred Durzak, *Der
deutsche Roman der Gegenwart* 304. Ruprecht Wimmer hat gezeigt,
daß die Form als Kompositionsvorgang bereits in der *Danziger*

Trilogie angelegt ist: "'I, Down Through the Ages': Reflections on the Poetics of Günter Grass", *The Fisherman and His Wife* 33.

44. *Aussage zur Person: 12 deutsche Schriftsteller im Gespräch mit Ekkehard Rudolph* (Tübingen, Basel: Erdmann, 1977) 91. vgl. auch Heinz Ludwig Arnold, "Gespräche mit Günter Grass", *Text und Kritik* 1/1a (1978) 15.

45.
> Meine Weihnachtsratte und ich hören im Dritten Programm nicht nur, daß dieses Jahr nach chinesischer Rechnung als Jahr der Ratte...im Kalender steht, es macht auch die Stadt an der Weser...auf das Jubiläum ihrer Legende aufmerksam. (57)

46. Dieses Motiv findet sich in "Rättin" (43-47), und auch im Zusammenhang mit den in die Stadt entlaufenen Kanzlerkindern (82-83).

47. Grass scheint keine Gelegenheit für eine Motivverknüpfung auszulassen. Die Namen "Hans" und "Gret" bilden natürlich eine Assoziationsbrücke zu "Märchenwald".

48.
> Die Ratte...durfte. Anfangs erlaubte Gret nur spielerisch Einlaß, dann durfte ihr Hans mehr und mehr, schließlich alles und das immer wieder. Worauf des Ratmeisters Tochter schwanger wurde und nach unangemessen kurzer Zeit mit Drillingen niederkam, die, wenngleich klein geraten, wie übliche Hämelsche Säuglinge proportioniert waren und ringsum menschelten, bis auf die allerliebst niedlichen Rattenköpfchen. (440)

49. "Heute lüge ich lieber gedruckt: Gespräch mit Günter Grass", Fritz J. Raddatz, *ZEIT-Gespräche* (Frankfurt am Main: Suhrkamp, 1978) 12.

50. Ich halte es für legitim, ein fiktives Erzählwerk dieser Größenordnung als Roman zu bezeichnen. Irgendwie muß man das Kind ja benennen, man kann nicht immer "Buch" sagen, und Joachim Kaisers Vorschlag, "apokalyptisches Feature", erscheint mir zumindest unpraktisch. "In Zukunft nur Ratten noch: Apokalyptischer

Traum und Fabulierlust des Günter Grass", *Süddeutsche Zeitung*
1./2.März 1986.

51. "Literatur und Mythos", *L'80* 19 (1981) 130.

52.

> Er weist mit dem Zeigestock auf Einzelheiten: "Jener mit dem
> Schwert. Der Mittlere hält einen Pinsel. Des Dritten Bart läuft
> spitz zu". Er will mich schulmeisterlich überzeugen. "Daß ich
> nicht lache!", ruft er. "Das sollen Heilige sein, Apostel wo-
> möglich! Und wo, wo bitte, sind die Heiligenscheine?" (392)
> Diese drei Männer, sage ich, sind keine unvollständigen Apo-
> stel, vielmehr bilden sie, wenn nicht porträtmäßig, so doch
> ideell, unseren gewitzten Maler und zwei Staatsmänner ab,
> oder Grandige Macheffel, wie ihre Rättin sagt. (393)

53. Das Motiv findet sich auf Seite 361: "Seitdem sind Ratte,
Vogel und Sonnenblume ein Bild".

TEIL III: WEITERE MERKMALE DER OFFENEN FORM

Wir wollen noch drei weiteren auffälligen Merkmalen der Struktur dieses Buches nachgehen: zunächst in Kapitel 5 dem Visuell-Filmischen, zu dem wir auch den Motivkomplex des Traumes zählen, dann in Kapitel 6 der Gestaltung der zeitlichen Dimension, die mit einer bestimmten Geschichtsauffassung zusammenhängt, und schließlich in Kapitel 7 der Vermischung von Wirklichem und Erdachtem, dem Verhältnis von Realität und Phantasie.

KAPITEL 5: DAS FILMISCHE

Die Medien der bewegten Bilder—Film, Video—sind von großer Bedeutung in der *Rättin*. Als Themenkomplex und Kernelement der Struktur durchziehen sie den ganzen Roman.

So ist Oskar Matzerath, der ehemalige Blechtrommler, jetzt Videountermehmer und Produzent zweier Erzählstränge. Dem Leser werden mehrere seiner Produktionsentwürfe und Videofilme vor Augen geführt: die dem Autoren-Ich aus dem Märchenwald zu den Punks entflohenen Kanzlerkinder zeichnet er vor dem—aus "Rättin" übernommenen—Hintergrund der Rattendemonstrationen in der humanen Schlußphase (84-86); das Video von Anna Koljaiczeks Geburtstagsfeier (313-318) wurde von ihm vorproduziert, ebenso der Videofilm von der Anlandung der Watsoncricks, der den ganzen Erzählstrang "Rättin" nachzeichnet (454-460); schließlich spielt er mit einem Videoentwurf zur Geschichte der beiden deutschen Staatsfälschungen—Oskars Zusammenfassung von "Malskat" (473-76).

Der Ich-Erzähler ist in einer seiner Rollen ein Drehbuchautor—die Erzählstränge "Märchenwald" und "Malskat" sind als Drehbuch bzw. als Drehbuchentwurf konzipiert.

Die Verwendung filmtechnischer Mittel in der Textgestaltung haben wir bereits erwähnt: die Ausblendung bei manchen Erzählabschnitten, und die Rückspulung am Ende von "Märchenwald". Einen Rückspuleffekt haben wir auch am Ende von "Rättin": die Vertreibung und Vernichtung der Watsoncricks ist eine rückwärts nachgespielte Version ihrer Anlandung; insgesamt zwölf Watsoncricks, fünf davon weiblich, kommen in Danzig an, am Ende sind es zwölf Watsoncricks, die aus der Marienkirche fliehen, und fünf von ihnen kommen bis vor das Schiff (419, 501).

Im folgenden werden wir einigen Elementen des Themenkomplexes Film nachgehen: dem Motiv Bildschirm, der Störerscheinung "Bildsalat", der Form des Drehbuchs, und dem erzählerischen Ort des Traumes.

In "Rättin" ist die Perspektive des Ich-Erzählers auf seiner außerirdischen Laufbahn sozusagen televisionär. Die ihm von der

Rättin vorgeführten Ereignisse verfolgt er auf einem Bildschirm: "...mein Monitor zeigte...die Rättin" (69).[1] Diese Fernsehperspektive erklärt die besondere Sicht- und Darstellungsweise des Ich-Erzählers. Er sieht die Welt von oben, durch die Optik einer Kamera, er ist der "Mann mit Überblick" (399, auch 337). Seine Perspektive ist flexibel, er hat Kontrolle, wie mit einem Teleobjektiv kann er Distanz überbrücken: "Ganz nah kann ich das Wrack...heranholen; das erlaubt meine Optik" (414).

Nicht nur der Ich-Erzähler in "Rättin" ist mit einem Bildschirm ausgestattet. Ein zentrales Motiv in "Märchenwald" ist der Zauberspiegel der Bösen Stiefmutter. Das Fernsehen, eine Errungenschaft unseres technologischen Zeitalters, wird ganz beiläufig in die romantische Welt von Grimms Märchen eingefügt; als Zauberspiegel mit Fernbedienung ist es einfach ein Wunderobjekt mehr und steht gleichberechtigt neben Zauberstab, oder Hexenbesen:

> Nachdem die Hexe Besen und Dreschflegeln wieder Ruhe und Rückkehr in die Zimmerecke befohlen hat, fordert sie die Böse Stiefmutter zu einem Beweis ihrer Zauberkunst heraus....
>
> Die Böse Stiefmutter läßt sich nicht zweimal bitten. In der Seitentasche ihrer Kostümjacke steckt ein Lackkästchen, dessen Tastatur sie mit kleinem Finger bedient: sogleich belebt sich der Zauberspiegel und blendet, nach kurzem Flimmern, das Märchen von Hänsel und Gretel ein.
>
> Wie auf vertrautem Fernsehschirm sehen des Kanzlers entlaufene Kinder ihre Vorgeschichte, einen Schwarzweißfilm aus Stummfilmzeiten. (132)

So wird der Fernsehapparat in "Märchenwald" eingeführt und taucht danach in jedem Abschnitt des Erzählstrangs auf. Aber der Bildschirm dient nicht nur zu Filmvorführungen innerhalb des Films, zu filmischen Selbstverweisen wie im oben zitierten Abschnitt—"Märchenwald" ist ja ein Drehbuch und soll in einen Film umgesetzt werden—, und zu Rückblicken in die gute alte Märchenzeit. Der Zauberspiegel spielt eine zentrale Rolle im Aufbau des Erzählstrangs. Die Lokalität der Handlung ist nicht auf das Knusperhäuschen im Märchenreservat beschränkt; andere Orte des Geschehens sind die Machtzentrale der Welt von heute in Bonn—Besuch der Märchendelegation bei den Grimmbrüdern, später die Kabinettsitzung der Notstandsregierung—, und der deutsche Wald—Inspektionsfahrt des Kanzlers. Zwischen den verschiedenen Schauplätzen wird nun via Zauberspiegel hin- und hergeschaltet, die Ereignisse an verschiedenen Orten werden im zeitlichen Nebeneinander dargestellt, wie im folgenden Beispiel, einer längeren Passage, die als Zitat leider nicht zu verkürzen ist:

> Sobald sich die Märchengestalten...vor dem Spiegel versammelt haben..., schaltet die Böse Stiefmutter ihr wundersames Fernsehen ein. (...)
>
> Zuerst sieht man Rübezahl mit dem schlafenden Dornröschen beladen durch den toten Wald stapfen. Unermüdlich läuft mit der Spindel der vierte Zwerg hinterdrein.
>
> Dann sieht man Rotkäppchens Großmutter, die noch immer dem Wolf aus Grimms Wörterbuch, Band eins vorliest.
>
> Und jetzt kommt die Wagenkolonne des Kanzlers mit Ministern und Experten ins Bild. Noch ist sie...auf der Autobahn unterwegs.
>
> Abermals schaltet die Böse Stiefmutter um: Der Zwerg mit der Spindel folgt Rübezahl, der das schlafende Dornröschen in einer Turmruine treppauf trägt, bis hoch zur Turmkammer, der das Dach fehlt. Plötzlich kommen die abgehauenen Hände ins Bild. Sie putzen die Turmkammer, während Rübezahl das Dornröschen behutsam an einen Steintisch setzt; der Zwerg legt die Spindel in den Schoß der schlafenden Schönen.
>
> Vor dem Zauberspiegel wird der Fleiß des Mädchens ohne Hände gelobt. Der Prinz, der durch Rapunzels Haar alles gesehen hat, jammert. Er will fort und sein Dornröschen wie gewohnt wachküssen. Aber die Zwerge halten ihn, so sehr er zappelt. Abermals verhängt ihn Rapunzel.
>
> Nachdem der Zauberspiegel wiederum die Großmutter gezeigt hat, wie sie noch immer dem Wolf vorliest, zeigt er jetzt des Kanzlers Wagenkolonne, die in den heilen Wald einbiegt. Blaulicht voran, kommt sie näher und näher. Auf ein Zeichen der Hexe verstecken sich alle Märchengestalten. Den alten Ford schieben die Zwerge ins Gebüsch. Einzig Hänsel und Gretel bleiben zurück, als seien sie ausgestoßen und gottverlassen allein. So stellen sie sich wartend auf den neuen falschen Weg. (281-82)

Diese Stelle liefert das beste Beispiel im Text für das Hin-und Herspringen zwischen verschiedenen Handlungsorten, oder, um einen Fernsehbegriff zu nehmen, das Umschalten von einem Schauplatz zum anderen. Es ist ein Paradebeispiel wegen der Dichte der Schaltungen. Dieses erzähltechnische Mittel hat ein hohes Spannungspotential für die geradlinige Märchenhandlung; wie man sehen konnte, wird das zeitliche Spannungsmoment auf einen Höhepunkt hin an dieser Stelle auf die Spitze getrieben.

Die eben zitierte Passage führt die Handlung bis zu dem Punkt, an dem die Kanzlerkinder die Wagenkolonne auf den falschen Weg locken werden, in die Falle der Turmruine, die mit Dornröschen beködert ist. Der Zauberspiegel springt zwischen mehreren Handlungsmomenten hin- und her: zwischen Rübezahl, der die Falle mit Dornröschen einrichtet, und der herannahenden Wagenkolonne des Kanzlers. Beide Vorgänge sehen wir zweimal im Bild, so werden uns die Verschiebungen im räumlich-zeitlichen Koordinatensystem gezeigt, die die zielgerichteten Bewegungen deutlich machen. Zuerst sehen wir den vom Märchenlager wegeilenden Rübezahl mit Dornröschen, dann die herannahende Wagenkolonne, dann Rübezahls Ankunft in der Turmruine und die letzten Vorbereitungen für die Falle, dann die Wagenkolonne, die jetzt in den Wald hineinfährt und deren Ankunft unmittelbar bevorsteht. Zwischen diesen beiden Abläufen stehen zwei Schnitte, die die im Knusperhäuschen zurückgebliebene Großmutter beim Vorlesen aus dem Wörterbuch zeigen—abseits des Geschehens, ohne sich der anderen Vorgänge bewußt zu sein. Man könnte sich nach der Funktion dieser beiden Schnitte fragen; sie sind wohl einfach als statische Füllszenen anzusehen, die gerade wegen des Kontrasts—der heimische Herd als Ruhepunkt, an dem sich nichts verändert (keine Bewegung findet statt, beide Schnitte zeigen die Großmutter am selben Ort und bei derselben Tätigkeit)—zur Steigerung der Spannung beitragen, allein schon indem sie den ganzen Szenenablauf und damit die Spannungsdauer verlängern.

Wir erleben also auf dem Zauberspiegel sechs Schaltungen zwischen drei Handlungsmomenten. Der Leser wird jedoch Zeuge einer weiteren Szene an einem vierten Ort, die er auch in mehreren Schaltungen mitverfolgt, und die die Bildschirmschnitte einrahmt. Dieses vierte Handlungsmoment wird nicht auf dem Zauberspiegel übertragen; es wird von einer Kamera aufgezeichnet, die der Ich-Erzähler/Drehbuchautor in den Händen hält. Hier sieht man das Märchenlager im Wald, den gegenwärtigen Standort des Zauberspiegels, von hier löst die Böse Stiefmutter die Schaltungen auf dem Bildschirm aus. Dies ist die Achse all der verschiedenen Vorgänge; was geschieht sehen wir aus der Perspektive der versammelten Märchengestalten—wir sehen was sie sehen, und wir erleben ihre Reaktionen auf die Vorgänge im Bildschirm: das Mädchen mit den abgehauenen Händen wird gelobt, der Prinz will entfliehen—, aber wir sehen sie auch als Akteure der Handlung, die sich auf die Ankunft der Wagenkolonne vorbereiten, indem sie das Auto verstecken und die Lockvögel auf dem Weg Aufstellung nehmen lassen.

Erzähltechnisch gesehen bedarf es nicht des Hilfsmittels Fernsehschirm, um den Leser über Vorgänge an verschiedenen Handlungsorten zu unterrichten. Das Hin- und Herschalten durch eine allwissende auktoriale Erzählerfigur bedarf keiner Rechtfertigung. Die Bedeutung des Zauberspiegels liegt nicht in seinem Informationswert für den Leser, sondern für die Märchengestalten, für die Figuren innerhalb des Erzählstrangs. Durch den Zauberspiegel sind sie, was die eigentliche Handlung betrifft (im Gegensatz zur Rahmenhandlung des Schreibvorgangs, und der Auseinandersetzung zwischen Ich-Erzähler/Drehbuchautor und dem Produzenten Matzerath), genauso gut informiert wie der Leser. Oder anders ausgedrückt: der Leser wird auf dieselbe Weise informiert wie die Märchengestalten; er sieht, was sie sehen, und wie sie es erleben; die Perspektive des Lesers ist ganz nahe an die der handelnden Figuren herangerückt—darin liegt der Spannungseffekt.

Die Art und Weise, wie Grass den Zauberspiegel als Bauelement in "Märchenwald" einsetzt—indem zwischen verschiedenen Handlungsmomenten hin- und hergeschaltet wird, und die Kontrolleure dieser Schaltungen gleichzeitig selbst Teilnehmer der Handlung sind—regt dazu an, diese Strukturmethode in analogischem Vergleich auf die Konstruktion des Romans als Ganzen zu übertragen. Analogien sind vergleichende Annäherungen, sie haben keinen Anspruch auf alleinige Gültigkeit; verschiedene analogische Beschreibungsversuche können nebeneinander bestehen, ohne sich gegenseitig auszuschließen. Es ist also keine Aufhebung des unserer Untersuchung zugrunde liegenden Vergleichs der Romanstruktur mit einer polyphonen musikalischen Komposition, sondern einfach eine Variation dieses Gedankens, wenn wir eine weitere Analogie anbieten.

Der Bau des Romans aus fünf Erzählsträngen entspricht einem Fernsehapparat mit fünf Programmkanälen, zwischen denen ständig hin- und hergeschaltet wird.[2] Der Wechsel zwischen den fünf Programmen ist nur eine Ebene, die Oberfläche, die erste Schicht. Miteinbezogen in die Form wird auch die Tätigkeit des Umschaltens: zusätzlich zu den Vorgängen auf dem Bildschirm müssen wir uns ein die Schaltvorgänge auslösendes und kontrollierendes Bewußtsein vorstellen. Dies entspricht dem auktorialen Ich am Schreibtisch, beim Schreibvorgang, dem, was wir als sechsten Erzählstrang bezeichnet haben. Das läßt sich am besten räumlich verbildlichen: ein Bildschirm, der uns ständige Programmwechsel liefert, der zwischen fünf gleichzeitig ablaufenden Filmen oder Programmen hin- und herspringt, und davor eine Figur, die diese Umschaltungen verursacht. Diese Figur beliefert den Zuschauer mit Ausschnitten aus den fünf Programmen, bezieht aber sich selbst und den Schaltvorgang in die Vorführung mit ein. Was dem Zusschauer vorgeführt wird sind somit nicht nur wechselnde Filmauschnitte auf einem Bildschirm, sondern er erlebt die Vorführung einer Vorführung, die Potenzierung einer Vorführung, sozusagen: er verfolgt einen Film oder ein Video, und auf der Leinwand oder dem Bildschirm wird dargestellt, wie eine Figur ständige Programmwechsel auf einem Fernsehapparat auslöst. Die Regieführung der Programmwechsel auf dem Bildschirm ist also Teil des Films, sie ist in den Film eingebaut, sie wird im Film dargestellt. Der Regisseur der Darbietungen auf dem Bildschirm ist gleichzeitig Akteur des Films.

In den Zusammenhang mit dem Motiv Bildschirm gehört auch das Phänomen Bildsalat. Beim Umschalten zwischen den Programmen des Zauberspiegels kommt es gelegentlich zu einer Störerscheinung, zur momentanen Überlagerung und Vermischung von Bildern verschiedener Programme.[3] Auch der Ich-Erzähler in "Rättin" ist diesen Schaltstörungen auf seinem Monitor ausgesetzt:

> Noch einmal...sah ich auf dem Monitor meiner Raumkapsel in rascher Bildfolge mit Ratten zärtliche Punks, viele hundert Punker mit ihren Ratten in Richtung Hameln unterwegs, Mahnblitze in Menschenblöcken gezündet, danach die kreis- und gegenläufige Rattenflut. Dann aber sah ich, wie sie sich eingruben.... Anfangs ihre Schwänze noch übertage, dann wie vom Boden verschluckt. Überall gleichzeitig. So viele endgültige Bilder, Bildsalat schließlich, in den sich immer wieder, doch

> tonlos und untertage nun, die Rättin mischte. Dann sah ich unserern Herrn Matzerath, wie er zur Rede ansetzte, darauf des Kanzlers Kinder als Hänsel und Gretel im toten Wald laufen, sogleich die Rättin wieder, nein, meine Weihnachtsratte, die eingerollt schlief oder harmlos tat, worauf der Maler Malskat für wundersam gotische Bilder Farbe anrührte, bis plötzlich mit anderen Frauen strickend Damroka die quallengesättigte See befuhr, und die Ratte sich immer tiefer, und die Kinder im Wald, der leichenstarr...(77).

Diese Passage findet sich am Ende eines "Rättin" Abschnitts. Bilder aus diesem Erzählteil zur Schlußphase der Menschheit, und aus einem vorangegangenen "Hameln" Abschnitt tauchen noch einmal auf, in schnellem Wechsel, bis schließlich Bilder aus allen sechs Erzählsträngen—die Weihnachtsratte verweist auf die Gegenwart des Schreibvorgangs—übereinanderstürzen. Die Programme sind nicht mehr säuberlich getrennt, Bilder aus verschiedenen Zusammenhängen wechseln einander ab, gehen ineinander über: ein Chaos von Bildern, "Bildsalat".

Die Tatsache, daß dieses Bilderchaos aus allen Erzählsträngen zusammengesetzt ist, weist über die Bildschirmperspektive des Ich-Erzählers im Weltraum und damit über den Erzählstrang "Rättin" hinaus. Nach dieser Bilderflut erwacht der Erzähler. Der erzählerische Ort in "Rättin" ist ja ein Traum. Der Bildsalat ereignet sich also im Traum, und nur insofern auf dem Monitor, als dieser Teil des Traums ist. Die Erscheinung Bildsalat ist also keine Funktionsstörung eines technischen Apparats, sondern ein Erlebnis des Ich-Erzählers. Es ist ein Erlebnis kurz vor dem Erwachen, einer Schlafphase, in der lebhafte Träume typisch sind. Der Übergang vom Schlaf zum Wachsein markiert außerdem den Wechsel zu einem anderen Erzählstrang. Indem der Ich-Erzähler aufwacht, verläßt er "Rättin" und findet sich in einem anderen Erzählstrang wieder, in diesem Fall in einem "Matzerath" Abschnitt.

Die Fernseherscheinungen von Programmwechsel und Bildsalat sind Metaphern für das innere Erleben der Autorenfigur. Der Erzähler-Autor bearbeitet alle Erzählstränge gleichzeitig, die Geschichten entwickeln sich in ihm parallel. Die polyphone Form ist eine direkte Reflexion dieses psychologischen Sachverhalts: die fünf Geschichten werden zusammen erzählt, weil sie auch im Kopf der Autorenfigur gleichzeitig vorhanden sind. Bildsalat, das Übereinanderstürzen der

Bilder, das Wirrwarr durch Zusammenfluß der Geschichten beschreibt eine psychologische Schaltstörung—die Trennlinien zwischen den Geschichten sind momentan zusammengefallen, die verschiedenen Vorgänge und Bilder verschwimmen ineinander. Die Fernsehmetapher Bildsalat markiert also eine momentane Verwirrung der Autorenfigur bei der Ausarbeitung, oder bei dem inneren Erleben des Romans.

Im folgenden noch einige Bemerkungen zur Form des Drehbuchs. Zwei der Erzählstränge—"Märchenwald" und "Malskat"—sind als Drehbuchentwürfe konzipiert; "Malskat" ist sogar nur die Vorbereitung, die Materialsammlung für ein Produktionsvorhaben. Der Entwurf eines Drehbuchs ist schon von der Idee her unvollkommen, nicht bis ins Detail ausgeführt, und selbst ein fertig ausgearbeitetes Drehbuch ist ja nur Vorstufe zum Endprodukt, dem Video oder Film.

Das Wesen eines Entwurfs ist Vorläufigkeit. Ein Entwurf ist Anfang oder Zwischenstufe in der Ausarbeitung eines Projekts, er stellt eine Phase in der Entwicklung dar, nicht das Resultat, nicht die abgeschlossene, vollendete Arbeit. Bei "Malskat" ist dies wegen des dokumentarischen Charakters des Erzählstrangs kaum zu spüren, bei "Märchenwald" kommt es jedoch stark zum Ausdruck, wie in der folgenden Passage zu Anfang der Märchengeschichte:

> Mit verhängten Fenstern fahren schwarze Limousinen durch sterbenden Wald. Wir erkennen am Stander das Kanzlerauto. Wir nehmen an, daß der Kanzler im Wageninneren, während er durch sterbenden Wald fährt, Expertengutachten, Gegengutachten, Schadstoffstatistiken und Mortalitätsmuster der Weißtanne liest, weil er als Kanzler fleißig und allseits gut informiert sein muß. Oder aber: er sucht vor großem Auftritt Entspannung, löst Kreuzworträtsel, weiß richtig den Namen Hölderlin einzurücken und erfreut sich seiner waage- und senkrechten Allgemeinbildung.
>
> Weder noch. Das Wageninnere der Kanzlerlimousine ist von gedämpfter Familienstimmung gesättigt. Des öffentlichen Bildes und der von mir erdachten Handlung wegen begleiten die Gattin, der Sohn, die Tochter den Kanzler.
>
> Wie soll er beschaffen sein? Leicht austauschbar ist er dennoch von uns vertrauter Machart: bieder und von trauriger Gestalt. (50-51)

Es geht also an dieser Stelle um die Frage: was soll im Innern der Kanzlerlimousine vor sich gehen, wie soll der Kanzler gesehen werden? Zwei Einfälle werden angeboten und zugunsten einer dritten Version verworfen. Der Leser wird so Zeuge eines Entscheidungsprozesses, er gewinnt Einblick hinter die Kulissen, in den Entwurf, in den Schreibvorgang.

In der Form eines Entwurfs geht es um die Betonung des Einfalls, um das Durchspielen von Alternativen, nicht um die strenge Ausführung, die vollendete, wasserdichte Form. Ein Entwurf als Form gibt die Gelegenheit, vielleicht auch die Rechtfertigung, mit den Realisationsmöglichkeiten eines Einfalls zu experimentieren, zu spielen, frei vom Zwang zu letzter Ausformung.

Dieser offene, skizzenhafte Stil ist nicht nur in "Märchenwald" zu finden, er zeigt sich auch in anderen Erzählsträngen und prägt den Charakter des ganzen Buches. In Kapitel 4, im Zusammenhang mit der Unzuverlässigkeit der Erzählerfiguren, haben wir bereits die vier Versionen, die die Rättin zur Auslösung der nuklearen Endprogramme anbietet, ebenso die Variationen des Autoren-Ichs zur Hameln-Legende erwähnt.

Hier ein letztes Beispiel. Der Ich-Erzähler bei Matzeraths Geburtstagsfeier:

> Es ließe sich noch viel zum Beginn der Geburtstagsfeier sagen. Etwa: Das bald eröffnete Büffet war in Marias Feinkostabteilung zum Sonderpreis berechnet worden. Oder: Nach Freigabe der Terrasse beeilten sich die Japaner, Gruppenfotos mit dem Geburtstagskind zu knipsen, darunter auch eines, das Oskar zwischen Damroka und mir zeigt. Oder: Kurtchen erzählte unserem Herrn Matzerath aufdringlich von seinen Schulden, wobei er "Bruderherz" zu ihm sagte. Oder: Ein Spätsommerabend, keine Mücken, Heiterkeit, güldene...Doch drängt es mich nun, Schatten auf dieses Fest zu werfen...(490-91).

Der Erzähler zählt eine Reihe von möglichen Nebenhandlungen auf; solche Einzelheiten können eine Beschreibung strecken, eine Erzählung verlängern, diese Verfahrensweise wird aber wegen der Belanglosigkeit der Einfälle—zum Beispiel das Aufwärmen altbekannter Einzelheiten der Matzerathschen Familienverhältnisse aus dem dritten Teil der *Blechtrommel*—ad absurdum geführt. Der Gedankenkette wird nachgegangen bis zur stilistischen Abwegigkeit des pastoralen

Clichés; das Gefäß von Einfällen wird bis zum unbrauchbaren Bodensatz ausgeschöpft. Dadurch gibt der Erzähler zu erkennen, daß er nicht weiter an dem Ausbau dieses Teils der Erzählung interessiert ist, sondern daran, die Handlung weiterführen. Er hat nichts weiter zum Beginn der Feier zu sagen. Die Aufzählung von überflüssigen Einfällen ist letzten Endes eine Spielerei, die sich der Erzähler leistet, eine Art von formalem Anarchismus, eine Befreiung von der Perfektion der Form, die Aufhebung des äußerlich eindeutig Fixierten, der abgeschlossenen Darstellung. Der Erzähler untergräbt die mögliche Erwartung des Lesers und den Zwang der Konvention zur ernsthaften Ausarbeitung. Er liefert nicht, oder nicht nur, die Darstellung einer Geburtstagsfeier, sondern darüber hinaus beschreibt er den Vorgang des Darstellens, den Prozeß des Erzählens einschließlich der Leerläufe und Unvollkommenheiten. Wieder sind wir beim Nachgehen eines Aspekts der offenen Form auf diese typischen Merkmale gestoßen: das Spiel mit der Form, den sich selbst ironisierenden Erzählvorgang.

In den Zusammenhang zum Filmischen gehört auch der Themenkomplex Traum. Der Erzählstrang "Rättin" ist ein Traum des Ich-Erzählers; der Monitor in der Raumkapsel samt gelegentlichen Bildsalats ist—wie bereits erwähnt—Teil des Traumes.

Zwischen Traum und Film scheint kein wesentlicher Unterschied zu bestehen. Der Videofilm "Davor und danach" ist Matzeraths Version der Geschichte der Rättin, des Traums des Ich-Erzählers, der zu einer Szenenfolge des Videos diese Bemerkung macht: "Die Rattenmenschen im Film sehen aus, als hätte ich sie geträumt" (457). Bildsalat, wie oben erwähnt, ist auch eine Traumerscheinung; und die Rättin führt dem Ich-Erzähler ihre Geschichte auf "traumgerecht fließenden Bildern" vor (25). Der Traum ist eine Art Film, eine Bilderfolge vor dem geistigen Auge.

Im weiteren Sinne ist der Traum eine Metapher für die innere, geistige Welt des Ich-Erzählers, der als Persona des Autors anzusehen ist. Der erzählerische Ort des Traumes ist also ein Gleichnis für den kreativen Vorgang des Schreibens, für die Denkvorgänge oder das innere Erleben beim Schreiben.

Der Traum steht für die Welt der geistigen Vorstellung, der Einbildungskraft, und es ist eine Welt mit eigener Logik. Aus der

Sicht des Traumes erschließt sich die assoziative Komponente, die der Struktur des Romans zugrunde liegt. Das Charakteristische am Aufbau des Romans ist nicht die Geradlinigkeit kausaler Logik, sondern es ist die Logik des Traums, die Willkürlichkeit und Zufälligkeit in der Kettenreaktion der Assoziationen.

Wir haben bereits in Kapitel 2 das Netz der Motivverknüpfungen beschrieben, deren Funktionsweise und Wirksamkeit aus der magnetischen Kraft der Assoziationen zu erklären ist, aus dem Echoeffekt, den die Wiederholung eines Bildmotivs selbst in einem anderen Kontext automatisch nach sich zieht.

Einige der Grundbausteine der Assoziationsverbindungen, die ersten Glieder einer Kette können bestimmt werden. Im Vorspann des Erzählers zu Beginn des ersten Kapitels nimmt manches seinen Anfang. Die Weihnachtsratte, das wird gleich im ersten Satz gesagt, hat eine präzise Funktion: sie soll "Reizwörter" liefern (7), Assoziationen auslösen. Reize und Anregungen kommen zum Beispiel vom Sprichwörtlichen:

> Was ich vorschiebe—schranktiefe Lügen und Doppelböden—, sie frißt sich durch. Ihr Nagen ohne Unterlaß, ihr Besserwissen. Nicht mehr ich rede, sie spricht auf mich ein. (10)

Der nagende Zahn der Ratten, das Bohren ohne Unterlaß wird hier im übertragenen Sinne aufgefaßt als eine Eigenschaft, die unaufhaltsam zum Grund der Wahrheit oder auf den Boden der Tatsachen durchdringt, und der Vorwände, Unwahrheiten und elaborierte Scheinwahrheiten—die "schranktiefe[n] Lügen und Doppelböden" des Erzählers—keinen Widerstand bieten können. Das sprichwörtliche Nagen wird zur Metapher des Besserwissens, und hier nimmt die dialogische Erzählsituation zwischen Rättin und Ich-Erzähler ihren Ausgang.

Und wenn ein Lieblingsthema der Rättin das Aufzählen der von ihrer Gattung vermiedenen menschlichen Untergänge ist—Schiffsuntergänge und andere Katastrophen, angefangen von der Sintflut bis zum endgültigen nuklearen Strahlensturm—, dann steht auch dahinter der Volksmund, der besagt, daß Ratten ein sinkendes Schiff verlassen.

Im Vorspann erwähnt der Erzähler auch das Weihnachtsgeschenk für seine Frau, eine alte Karte von der versunkenen Stadt Vineta—ein Motiv, das sich in "Damroka" fortsetzen wird.

Interessant in "Damroka" ist der Schluß oder Anhang des Erzählstrangs, der Brief der Kapitänin nach der Rückkehr von ihrer Forschungsreise. Damrokas nüchtern-sachlicher Bericht steht in Kontrast zu den phantastischen Ereignissen des Erzählstrangs, enthält aber zahlreiche Bezüge zu Motiven aus der "Damroka"-Geschichte des Erzählers. So findet sich das Strickmotiv wieder in der Nachricht, Damroka habe auf der Forschungsfahrt eine Wolldecke und einen Pullover fertiggestellt. Auch die phantastischen Ereignisse finden ihre Entsprechung. Das Quallensingen, die Jubelchöre der Ratten, läßt sich ahnen in dem Satz: "Abends wurde oft Chormusik a cappella gehört" (462). Wenn Damroka "von merkwürdigen Wolkenbildungen...Bericht" gibt (463), so denkt man an die Rattenwolken; und die Rattenmenschen tauchen auf bei einem Kinobesuch in Visby: "irgendein Amischinken lief: Monstren, halb Tier, halb Mensch..." (462). Die versunkene Stadt allerdings bleibt unerwähnt: "Kein Wort übers Vinetatief" (463).

Es ist, als ob in Damrokas Brief die phantastischen Erscheinungen des Erzählstrangs auf reale Ereignisse zurückgeführt werden, die Auslöser für Assoziationsketten hätten sein können, für Auswucherungen der Phantasie. Das Phantastische wird erklärt aus der Logik des Traums, aus einem assoziativen Mechanismus.

Von einem anderen Blickwinkel her ist Damrokas Brief ein weiteres Beispiel für die Ironie des Erzählvorgangs. Indem er von Damrokas Brief berichtet, stellt der Erzähler seine Darstellung der Ereignisse als Übertreibung, als Phantasterei und Erfindung bloß. Er weist damit darauf hin, daß er mit seiner Erzählung ein Spiel getrieben hat.

Im Zusammenhang mit dem assoziativen Strukturprinzip des Romans ist auch die Eigendynamik der Assoziationen zu erwähnen. Assoziationen haben etwas Zufälliges, Willkürliches, Unkontrollierbares. Wenn die Bilder erst in Bewegung gebracht werden, dann wuchern sie und breiten sich aus. Der Bilderfluß läßt sich nicht ohne weiteres eindämmen, die Reaktionsketten lassen sich nicht völlig regulieren. Sobald der Stein ins Rollen gebracht ist, entwickeln die

Einfälle eine eigene Dynamik und setzen sich selbsttätig fort. Es passiert dem auktorialen Erzähler immer wieder, daß ihm die Zügel entgleiten, daß er die Kontrolle verliert und seine Geschichten und Charaktere sich selbständig machen. Wir haben das bereits bei der Beschreibung des Erzählvorgangs in "Damroka" gezeigt. Dasselbe ist auch in "Rättin" der Fall. Die Rättin dominiert und kontrolliert den Traum des Erzählers, er ist diesem Traum weitgehend ausgeliefert. In "Märchenwald" entfliehen die Kinder nicht nur ihrem Kanzlervater, sondern sie laufen auch dem Erzähler davon. Anstatt im Märchenreservat Zuflucht zu suchen, schlagen sie sich zu den rattenversessenen Punks durch:

> Zwar versuchte ich, beide wieder in den toten Wald und ohne tierische Zutat in den Ablauf meines Drehbuchs zu schicken, aber sie pfiffen auf dessen Moral. Mit ihren grellen Ratten wollten sie grell nur noch Punker zwischen Punks sein. (82-83)

Auch die Grimmbrüder übrigens müssen Veränderungen in der nach ihnen benannten Märchenwelt erkennen. Daß der Froschkönig nicht nur seiner Dame, sondern auch Gretels und der Hexe Stirn bespringt, kommt nicht in ihrem Märchen vor: "Ein wenig befremdet nehmen die Grimmbrüder diese sprunghaften Variationen wahr. Wilhelm sagt zu Jakob: "Du siehst, Bruder, unsere Märchen haben ihr Eigenleben" (342).

Als letztes Beispiel für das selbsttätige Auswuchern der Bilder sollen die Wiederholungen und Varianten im Traum des Ich-Erzählers genannt werden:

> Ich träume neuerdings Wiederholungen und Varianten. Nicht nur, daß die Hexe mit einer Schere, die ihr die Böse Stiefmutter reicht, ritschratsch Rapunzels Langhaar abschneidet; es bringt mir die Rättin ungerufen immer wieder die eine Szene ins Bild: wie sich zuerst der Frauen Haar—Damrokas Locken!—entzündet, worauf sie alle ganz und gar verglühen. Nein, eher ist es so, daß die Frauen blasser und blasser werden, bis sie nur noch Farbspuren auf bröckelndem Kalkmörtel sind, die der Maler Malskat, diesmal im Auftrag unseres Herrn Matzerath, mit einer Wurzelbürste abwäscht, um mit sicherem Pinsel fünf Frauen zu entwerfen, die aber aller der Filmschauspielerin Hansi Knoteck gleichen und keine einzige ein bißchen nur meiner Damroka. (420)

Dies ist eine exemplarische Alptraumsequenz. Es sind bildgewordene
Ängste, eine Kette von Assoziationen, über die der Ich-Erzähler
keine Kontrolle hat, die er von seinen Gegnern und Rivalen innerhalb
des Erzählvorgangs—der Rättin und Oskar Matzerath—gesteuert
sieht, und die sich alle um den wundesten Punkt des Erzählers
drehen: das Schicksal Damrokas. Rapunzels Haare, die der Erzähler
übrigens zweimal an anderer Stelle gegen Matzeraths Angriffe vertei-
digt hat (251, 405), führen zu Damrokas Locken; das Vergehen der
Frauen im Atomgewitter leitet über zu den verblassenen Konturen
eines Wandgemäldes, die von Malskats Hand endgültig ausgelöscht
werden; schließlich wird in Malskats Neuschöpfung Damroka nicht
wieder zum Bild gemacht. So verläuft die Kette dieser Assoziationen,
denen der Ich-Erzähler ausgesetzt ist.

Kapitel 6: Die Dimension Zeit

Die Organisation der zeitlichen Dimension in der *Rättin* ist vielschichtig. Der Roman läuft auf verschiedenen zeitlichen Ebenen ab. Der Schreibvorgang selbst repräsentiert die Gegenwart des Romans—präzise datiert: im "Orwelljahr" (336)—und auch die Erzählstränge "Märchenwald", "Damroka" und "Matzerath" sind durch die vorwiegende Verwendung des Präsens dieser Zeitebene zugeordnet. Die Zukunft wird dargestellt aus der Perspektive der Rättin, die über humane und posthumane Zukunft aus der noch ferneren neo-humanen Zeit im Präteritum berichtet—der letzte Teil, die neo-humane Phase wird dann im Präsens beschrieben, der Roman hat gegen Ende die Rättin in ihrer Gegenwart eingeholt. In der Vergangenheit schließlich spielt der Erzählstrang "Malskat"—er behandelt im Wesentlichen die Zeitspanne von 1936 bis 1951—und der Hameln Komplex, der sich auf das Mittelalter bezieht.

Zusätzlich zu diesen verschiedenen zeitlichen Ebenen, auf denen sich die einzelnen Erzählstränge abspielen, gibt es zahlreiche geschichtliche Bezüge, die die historische Spannweite des Romans außerordentlich erweitern—von der Sintflut in grauer Vorzeit bis zum Ende der Watsoncricks in unbestimmter Zukunft.

Die Erzählstränge, obwohl verschiedenen zeitlichen Ebenen zugeordnet, laufen nun im Erzählvorgang gleichzeitig ab. Wir haben verschiedene Zeitebenen, aber wir erleben sie gleichzeitig, weil sie zeitlich parallel vorgeführt werden. Dies ist ein wesentlicher Aspekt der polyphonen Form.

Von diesem Merkmal der polyphonen Form abgesehen gibt es darüberhinaus auch eine Tendenz zur Verwischung der Zeitunterschiede in dem Roman; die Zeitebenen fließen ineinander über. Dies wird verursacht durch die assoziative Komponente im Aufbau des Romans, durch die verschiedenen die Grenzen der einzelnen Erzählstränge übergreifenden Mechanismen. Ein Beispiel liefern die Motivvermischungen der Erzähler. Im Kapitel 2 haben wir gezeigt, wie der Ich-Erzähler die Hamelngeschichte mit dem Motiv Watsoncricks versetzt—eine Vermischung von Mittelalter und dystopischer Zukunft.

Ein anderes Beispiel ist die Überlagerung der Erzähl-perspektiven.[4] Im folgenden Zitat sind die Stimmen von Oskar Matzerath und der Rättin vermischt:

> Das sagte vor Beginn seiner Reise nach Polen eindringlich unser Herr Matzerath; oder war es die Rättin, deren Predigt von der Kanzel herab den versammelten Rattenvölkern galt?
>
> Es sagte die Rättin: Findet zurück zum einzigen Glauben; oder er kommentierte einen aufklärenden Videofilm, indem er mit Zeitangabe—fünf Minuten vor zwölf—die Vernunft beschwor; wobei die Rättin rückblickend sprach. Die Welt ging aus den Fugen, aber des Menschengeschlechtes Grandige Macheffel vertagten sich von Arbeitsessen zu Arbeitsessen; weshalb unser Herr Matzerath zum Film vorwarnden sprach: Die Welt beginnt aus den Fugen zu gehen, doch überall wird hörbares Knacken als Materialermüdung erklärt, mit der man leben müsse. (330-31)

Die Stimmen Matzeraths und der Rättin sind hier überlagert, beide sagen dasselbe, und im gleichen didaktischen Tonfall—die Rättin von der Kanzel herab, Matzerath einen aufklärenden Film kommentie-rend. Zwar halten die Verbtempora die Unterscheidung der zeitlichen Perspektiven aufrecht—die Rättin spricht rückblickend im Präteritum, Matzerath warnt vor der bevorstehenden Katastrophe im Präsens—, aber die Zeitebenen sind hier doch ineinander verwoben.

Eine Tendenz zur Verwischung der Zeitunterschiede zeigt sich auch in den vielen analogen Gleichsetzungen von historisch ganz getrennten Begebenheiten. So findet die nukleare Katastrophe ihre Entsprechung in der Sintflut. Die Rättin beschreibt die Veränderung nach dem Großen Knall: "Außerdem gehen die Wasser zurück. Es ist wie zu Noahs Zeiten, als sich die Sintflut wieder verlief" (337).

Auch andere Katastrophen der Menscheitsgeschichte gehören in diesen Zusammenhang: der Untergang von Vineta,[5] die Pest im Mittelalter.[6] Und die Rättin sieht die zwei Weltkriege unseres Jahr-hunderts und die drohende atomare Katastrophe als ein Ereignis:

> Nicht auszureden ist ihr der zeitraffende Umgang mit dem zwanzigsten Jahrhundert. Den ersten, den zweiten Weltkrieg und den von ihresgleichen vorweggenommenen dritten faßt sie zu einem einzigen Kriegsgeschen zusammen, das, nach ihren Worten, folgerichtig mit dem Großen Knall endete. (225)

Eine Weltuntergangsstimmung verbindet die aktuelle Gegenwart mit dem Mittelalter. Die heutigen Punks sind eine Reinkarnation der Veitstänzer oder Flagellanten.[7] Die Gleichsetzung von Mittelalter und Gegenwart findet sich auch in der Identifikation Malskats als gotischen Meister.[8] Eine weitere analogische Entsprechung zeigt sich in den Glaubenskämpfen der Ratten in posthumaner Zeit und der Geschichte menschlicher Religionskriege.[9]

Wenn wir von der Verwischung der Zeitunterschiede sprechen, muß auch Matzeraths "Medientick" erwähnt werden. Oskar, mit "seiner Lust an Vorgriffen und Rückblenden" (30), will filmisch die Vergangenheit nachvollziehen und die Zukunft vorwegnehmen:

> Mal will er Geschehen, das vor uns liegt, als hergestellte Zukunft filmen, damit sie, sobald sie gegenwärtig wird, als Film schon vorhanden ist; dann wieder verlangt es ihn, gefilmt zu sehen, was alles geschah, bevor es das Medium Film gab, zum Beispiel die Einschiffung in Noahs Arche.[10] (61)

Oskars Idee der filmischen Vor- und Rückblenden läuft darauf hinaus, die Zeit einzufangen. Indem er Vergangenheit und Zukunft filmisch präsent macht, hebt er die zeitlichen Unterscheidungen auf. Die im Film nachvollzogene Vergangenheit und vorweggenommene Zukunft schaffen einen Zustand ständiger Gegenwart. Vergangene und künftige Ereignisse sind gleichzeitig und immerwährend vorhanden, Vorher und Nachher fallen im Jetzt zusammen.

Matzeraths Bestreben, die Zeitunterschiede aufzuheben, ist im Grunde ein Verweis auf die Strukturmethode des Autors Grass. Oskars Medientick beschreibt die Verfahrensweise des Romans: das Vermischen der verschiedenen Zeitebenen. Es ist das Zeitkonzept des Grass der achtziger Jahre, das er in *Kopfgeburten* entwickelt und mit dem Begriff "Vorgegenkunft" bezeichnet hat:

> Gegenwart ist ein sehr fragwürdiger Begriff. Schon der Beginn unseres Gesprächs ist Vergangenheit, nichts ist vergänglicher als Gegenwart, nichts "flieht" so rasch. Es hat etwas vom flüchtigen Augenblick und wenig Spielraum. Es ist wenig Raum um die Gegenwart. Deshalb neige ich in letzter Zeit dazu, wenn auch etwas spielerisch, aber ich meine das schon ernst, mit einer "Vorgegenkunft" zu arbeiten. Einer vierten Zeit, die es uns möglich macht, unsere Schuleinteilungen Vergangenheit—Gegenwart—Zukunft zu überspringen oder

parallel zu schalten, sie einzuholen oder uns näherzubringen, was die Zukunft betrifft.[11]

Das Konzept Vorgegenkunft ist bedingt durch eine neue thematische Komponente, die seit *Kopfgeburten* im Kontinuum von Grass Gesamtwerk auftaucht. Vom Thema der Zeit hergesehen läßt sich Grass' Oeuvre in drei Phasen einteilen. Der zeitliche Raum der ersten Phase, der *Danziger Trilogie*, war die Ära des Nationalsozialismus, einschließlich der Vorgeschichte und Nachwirkungen, im Wesentlichen von den zwanziger zu den fünfziger Jahren. Die drei Danziger Bücher beschäftigten sich also mit der jüngeren Vergangenheit bis nahe an die Gegenwart, der Entstehungszeit dieser Bücher (*Die Blechtrommel* erschien 1959, *Katz und Maus* 1961, *Hundejahre* 1963).

Die zweite Phase umfaßt die Romane *Örtlich Betäubt* (1969), *Aus dem Tagebuch einer Schnecke* (1972) und *Der Butt* (1977).[12] Die Vergangenheit bleibt weiterhin Thema—in den ersten beiden Büchern geht es noch um die Zeit des Nationalsozialismus, ab dem *Butt* zeigt sich eine Abwendung von dieser Periode, es wird weit ausgeholt bis in frühgeschichtliche Anfänge—, aber im Vordergrund steht jetzt die politische Gegenwart. In *Örtlich Betäubt* ist es die Radikalisierung der Studenten und Schüler gegen Ende der sechziger Jahre, in *Aus dem Tagebuch einer Schnecke* ist es ein Wahlkampf, im *Butt* ist es das Verhältnis der Geschlechter, das Feminismusthema. Mit dem Einbeziehen der Gegenwart—der Erweiterung des zeitlichen Raumes—findet Grass zu einer neuen Form. Mehrere Erzählstränge werden miteinander verwoben, verschiedene Zeitebenen werden überlagert—es sind jetzt polyphone Strukturen.

Kopfgeburten (1980) markiert den Beginn einer dritten Phase. Der zeitliche Raum wird nochmals erweitert und die Zukunft miteinbezogen. Die Perspektive ist jetzt global: Zukunft bedeutet Zukunft der Erde, politische Gegenwart ist nicht nur die Situation der Bundesrepublik, sondern auch der Zustand der Dritten Welt. Hier finden wir die Anwendung des Konzepts "Vorgegenkunft", die Weiterentwicklung des "Zeitweil" Gedankens im *Butt* .[13]

Kopfgeburten ist in vieler Hinsicht eine Vorstudie zur *Rättin*. Die polyphone Struktur wird erweitert, geöffnet zur Form des Drehbuchentwurfs. Der Denkvorgang bei der Schreibarbeit, das Anbieten und Verwerfen von Alternativen wird miteinbezogen; es ist ein radikaler

Verzicht auf die vollendete Form. Im Zusammenhang mit der offenen Form erklärt Grass ja auch die Funktion des Konzepts "Vorgegenkunft":

> Wir haben das so in der Schule gelernt: nach der Vergangenheit kommt die Gegenwart, der die Zukunft folgt. Mir aber ist eine vierte Zeit geläufig. Deshalb halte ich auch die Form nicht mehr reinlich. Auf meinem Papier ist mehr möglich. Hier stiftet einzig das Chaos Ordnung. Sogar Löcher sind Inhalt hier. Und nicht verzurrte Fäden sind Fäden, die gründlich nicht verzurrt wurden. Hier muß nicht alles auf den Punkt gebracht werden.[14]

Die Verwischung der Zeitebenen geht also Hand in Hand mit dem skizzenhaften Charakter des Buches, mit der Form des Entwurfs.

Das Konzept "Vorgegenkunft", die Aufhebung oder Verwischung der chronologischen Kategorien, ist mehr als nur eine technische Verfahrensweise. Diese Kompositionsmethode ist Ausdruck eines historischen Zeitverständnisses, eines bestimmten Geschichtsbildes. Dieses Geschichtsbild wird artikuliert in Matzeraths Rede anläßlich der Geburtstagsfeier seiner Großmutter. Diese Rede und die anschließende Videovorführung bilden eine thematische Schlüsselszene des Romans. Oskar erklärt, daß alles—vergangenes und künftiges Geschehen, Erinnerung und Erwartung des Kommenden, was war und was sein wird--filmisch eingefangen sei, als Film existiere:

> Es ist alles gefilmt! Aus mediengerechter Gewißheit zähle ich auf: wieviel uns das Schicksal aufs Konto schrieb, was uns Erinnerung nachträgt—ob altvertraut eingefärbt oder mit Gerüchen gesättigt, die einst unserer Nase neu waren—, was wie Kinderbrei, Hochzeitsbraten, Leichenschmaus schmeckte, uns aufstieß, Hunger nach mehr machte; dieses unverdrossene Eswareinmal ist gefilmt. Aber es sind unsere Hoffnungen auch, die sich zukünftige Farben, Gerüche, neuen Geschmack wünschen, dazu Gefühle, die nicht altgewohnt, sondern blank sind, den Medien gefällig geworden und liegen, Kassette neben Kassette, als Film vor. Ich sagte bereits: Es ist alles gefilmt! Was immer wir neu zu erleben meinen, lief schon vor Publikum andernorts und machte Geschichte, bevor es tatsächlich wurde. Weshalb wir, meine lieben Verwandten, die wir fest glaubten, einander zuvor nie gesehen zu haben..., uns dennoch sattsam bekannt sind, vertraut aus älteren Filmen, die noch schwarzweiß flimmerten, in denen wir andere Feste feierten; es

fanden sich jederzeit Anlässe genug: traurige und solche, die
uns vergnügt machten. (309-10)

Der Ablauf des Lebens ist vorbestimmt, die Stationen und die Mahl-
zeiten sind vorgeschrieben und werden unendlich wiederholt: Kinder-
brei, Hochzeitsbraten, Leichenschmaus. Es gibt nichts Neues. Es ist
eine zyklische Geschichtsauffassung, die hier zum Ausdruck kommt.
Alles, was ist und was sein wird, war schon einmal: "...alles was
stattfindet findet wiederholt statt, geringe Veränderungen und mo-
dische Neuigkeiten einbegriffen" (312); es ist der Gedanke der
"ewigen Wiederkehr" (317).

Aus der Vorstellung der ewigen Wiederkehr und der vorprogrammierten Zukunft folgt, daß der Mensch—als Einzelner oder als
Gattung—keinen Einfluß auf den Verlauf der Geschichte hat. Der
Mensch ist Spielball des Schicksals oder wie immer man die geschichtlichen Kräfte nennen mag; er hat keine Kontrolle, ist also
unfrei, machtlos, sogar unfähig, zwischen Schein und Sein, Erscheinung und Idee, Film und Realität zu unterscheiden. Er ist Spieler von
festgelegten Rollen, vorfabrizierten Spielzeugzwergen vergleichbar.
Und so fährt Herr Matzerath fort:

> Wie man sieht, hat uns die Welt wenig Neues zu bieten,
> allenfalls werden wir so oder so und überraschenderweise mal
> andersrum arrangiert, wie jene Schlümpfe, mit denen selbstver-
> gessen die Kinder spielen. Ja doch! Vorfabrizierte Schlümpfe
> sind wir, die in besonderer Anfertigung...auf Erwachsenenmaß
> gebracht wurden, um in tausend und mehr Filmen, mal so und
> mal so kostümiert, ihre erprobte Rolle zu finden;...in...Hand-
> lungsabläufe verwickelt, die wir für des Lebens Abglanz
> halten, wenngleich sie vorproduziert wurden, gefilmtes Leben
> sind, dem wir nachhecheln, ängstlich bedacht, keine Kuß-,
> keine Prügelszene zu versäumen. (310-11)

Eine Auffassung von der Uneigentlichkeit des Lebens kommt hier
zum Ausdruck. Weil das Leben vorherbestimmt, vorprogrammiert,
vorproduziert ist, ist es ein Film, ist es Fiktion, ist es nicht real. Der
Mensch ist nur eine Marionette, die vorbestimmte Rolle macht die
Idee und das Ideal der autonomen Existenz zur Illusion.

Matzeraths Vorstellung vom scheinbaren Leben, vom Leben als
Film, als Fiktion erinnert an eine andere Passage, in der der Ich-
Erähler folgende Überlegungen anstellt:

...(alles) läuft, schlittert, rutscht...bergab, dem statistisch gewissen Ende zu.

Vielleicht ist es aber auch so: der Schluß war schon. Es gibt uns nicht mehr. Wir leben nur noch als ob, ein Reflex und demnächst abklingendes Gezappel.

Oder wir werden von jemandem geträumt. Gott oder ein ähnlich höheres Wesen, ein Übermotz träumt uns in Fortsetzungen, weil er uns lieb hat oder komisch findet, deshalb nicht von uns lassen kann, unser Gezappel nicht satt kriegt. In seinen Rückblenden, und dank der medialen Gelüste eines göttlichen Prinzips, dauern wir an, obgleich die letzte Vorstellung oder Ultemosch, wie die Rättin sagt, längst stattgefunden hat...(364-65).

Auch die Autorenfigur stellt hier die Frage nach der Realität der Existenz. Liegt das "statistisch gewisse Ende" in der Zukunft, oder hat es bereits stattgefunden, und das Leben ist einfach ein Nachhall, ein Reflex der Vergangenheit, eine Rückblende im Film oder im Traum eines höheren Wesens? Der Ich-Erzähler sieht sich nicht in der Lage zu erkennen, ob das Leben Gegenwart oder Vergangenheit, Realität oder Traum ist.

Zurück zur Geburtstagsfeier. Das vorproduzierte Video, das Matzerath den Gästen vorführen läßt, ist, von geringfügigen Abweichungen abgesehen, eine bis ins letzte Detail getreue Vorwegnahme der Geburtstagsfeier, so daß die anwesenden spielenden Kinder glauben, "der Film spiele naturgetreu nach, was sie ihm vorgespielt haben" (316). Die vorproduzierte Zukunft und die stattgefundene und damit Vergangenheit gewordene Gegenwart sind nicht zu unterscheiden. Die programmierte Zukunft erscheint als Spiegel der Realität.

Der Film als Medium des Zukünftigen steht für die neuen technologischen Möglichkeiten. Einem Vertreter der katholischen Kirche gegenüber preist Oskar den vorproduzierten Film als Version der göttlichen Vorsehung im Computerzeitalter: "Nicht war, Hochwürden, früher nannte man es göttliche Vorsehung, heute sind es winzige Mikroprozessoren, die alles speichern, was war, und ausspucken, was sein wird" (315). Technik hat die Religion ersetzt: Technologie als beherrschendes Prinzip, als Schicksalsmacht also, als Selbstzweck.

Am Ende des Films beginnt die Vorführung von Neuem, aber diesmal mit einer zusätzlichen Spiegelung—der Vorgang des Zuschauens wird in die Darstellung miteinbezogen:

> Doch wie nun im Film abermals der Film beginnt und zuvor der Kuckuck halb zwölf ruft, wie er in Wahrheit sogleich zwölfmal rufen wird, verstummen die Geburtstagsgäste in der Guten Stube. Kein Ahhh, Seufzen und trockenes Lachen mehr. Entsetzt und vor Entsetzen starr sieht die Geburtstagsgesellschaft auf dem Bildschirm, wie sich alle einen Videofilm anschauen, der eine Geburtstagsgesellschaft zeigt, die sich fröhlich und guten Glaubens einem Videofilm aussetzt, den der Prälat aus Oliva vorhin noch lächelnd als technische Version göttlicher Vorsehung hinnahm, doch nun mit Hilfe geschlagener Kreuzeszeichen zu bannen sucht, weil des Filmes Handlungsverlauf folgerichtig...(317).

Das Entsetzen der Zuschauer ist nicht leicht einsehbar, die Ellipse nicht problemlos zu ergänzen.

Was sich hier als Film im Film abzeichnet, ist die Spiegelung einer Spiegelung, von denen jede folgerichtig selbst nur ein Glied in einer unendlichen Kette von Spiegelungen ist, die zunehmend kleiner werden, bis ins unendlich Kleine. Es ist eine Wiederholung, der immer weitere Wiederholungen folgen werden, von zunehmend kürzeren Zeitabständen, bis es nur noch ein Moment ist, der einzige Moment, der Widerhall des Glockenschlags, das Ende der Zeit, das Nichts.

Oder von einem anderen Blickwinkel her gesehen: Die aus der Vergangenheit heraus projizierte Zukunft (der Film der Geburtstagsfeier) holt die Gegenwart (die Geburtstagsfeier) ein, holt den geringen Vorsprung ein, den die Gegenwart während des zeitlichen Ablaufs der Filmvorführung noch hat; und dieser Vorsprung der Gegenwart—entsprechend einer gewissen Größe des Spiegelbildes, einer gewissen Ausdehnung des wiederholten Zeitraums—bedeutet ein Quentchen Freiheit von der Vorbestimmung des Lebens, ein Rest an Hoffnung, vom Rad der Geschichte nicht eingeholt zu werden.

Indem die Gegenwart eingeholt wird durch die Schicksalsmacht Technik, ist der Verlauf des Lebens unabwendbar vorherbestimmt, mehr noch: steht das Verhängnis unentrinnbar bevor. Dies ist eine mögliche Erklärung für das Entsetzen der Zuschauer; ein Entsetzen, das den Produzenten Matzerath selbst ergreift: seine Schöpfung hat sich selbständig gemacht. Und wenige Minuten danach bricht das atomare Strahlengewitter los.

Die eben dargelegte Auffassung vom Lauf der Geschichte kommt aus dem Mund eines Romancharakters und ist nicht einschränkungslos mit dem Geschichtsbild des Autors gleichzusetzen; es gibt aber andere Stellen in diesem schon von der Anlage her pessimistischen Buch, die auf diese Geschichtsauffassung hindeuten.

Ein aus menschlicher Sicht pessimistisches Weltbild vertritt auch die Rättin. Der Mensch ist nicht Krone der Schöpfung, die Welt wurde nicht für ihn gemacht, die Welt und das Weltall stehen außerhalb menschlicher Sinngebung, die Anlage des Universums ist absurd, der Untergang der Menschheit ist ohne Bedeutung:

> Diese Humanen haben gedacht, es werde die Sonne zögern, auf- und unterzugehen nach ihrem Verdampfen, Saftlassen oder Verglühen, nach dem Krepieren einer mißratenen Sorte, nach dem Aus für die Gattung Mensch. Das alles hat nicht den Mond, hat kein Gestirn gejuckt. Nicht einmal Ebbe und Flut wollten den Atem anhalten, wenn auch die Meere hier und da kochten oder sich neue Ufer suchten. Stille seitdem. Mit ihnen ist ihr Lärm vergangen. Und die Zeit geht, als sei sie nie gezählt und in Kalender gesperrt worden. (33)

Der Gedanke vom vorbestimmten Lauf der Geschichte findet auch in einem Gedicht Ausdruck:

> Wie in der Kirche das Amen, alles ist vorbestimmt, weshalb auf vielen Papieren und in Filmen, die spannend sind, unser Ende bereits geklappt hat und nun Legende ist...(476).

Eine interessante Passage in "Märchenwald" spiegelt die Logik des Satzes von der "ewigen Wiederkehr", den Matzerath in seiner Rede formuliert hat. Das Mädchen ohne Hände bittet die Böse Stiefmutter, ihr im Film ihre Vergangenheit, das Märchen von den abgehauenen Händen vorzuführen. Der Film zeigt den Ablauf des Märchens: der Vater hackt auf Geheiß des Teufels seiner Tochter die Hände ab, irrt dann mit den abgehauenen Händen durch die Welt, bis ein Prinz ihm hilft, den besonderen Baum zu umfassen; dem Mädchen wachsen die Hände wieder an und es findet sein Glück mit dem Prinzen. Die Böse Stiefmutter beeinflußt nun mit ihrer Fernbedienung den Ablauf des Films auf bezeichnende Weise:

> Weil aber die Böse Stiefmutter den Märchenfilm...im Auge hat,
> manipuliert sie böse, wie sie sein muß, mit kleinem Finger den
> Filmverlauf, so daß Szenen in rascher Folge wechseln: hier
> hackt der Vater zweimal mit dem Beil, dort hilft der Prinz, den
> Baum zu umfassen, dann wieder schrecklich der Vater, darauf
> hilfreich der Prinz, nochmal das Beil; kurzes Glück und
> Schrecken ohne Ende. (402)

Was hier der Protagonistin des Märchens geschieht, erinnert an
Matzeraths Analogie vom Menschen als manipulierten Spielzeug-
zwerg, der keine Kontrolle über sein Schicksal hat, dessen Leben
vorprogrammiert ist und der ewigen Wiederkehr unterworfen. Die
Böse Stiefmutter läßt in endloser Folge Anfangs- und Schlußszene
aufeinander folgen. Der Schluß bringt nicht die Erlösung, sondern
das Trauma des erneuten Beginns, den Fluch der Wiederholung, den
ewigen Kreislauf.

Übrigens ist das zyklische ein häufiges formales Merkmal im
Buch. Matzerath vergeht unter den Röcken der Großmutter, wo *Die
Blechtrommel* ihren Anfang nahm. Es gibt einen Rückspuleffekt in
"Märchenwald": die Geschichte endet in märchenhafter Vergangenheit. Einen Kreislauf beschreibt die neo-humane Phase: das Ende der
Watsoncricks ist ihre rückwärts geführte Anlandung. Und am Schluß
des Buches mutieren die Ratten zurück zur Art der Schwarzen Hausratte, die bis zur Ankunft der grauen Wanderratte gegen Mitte des
neunzehnten Jahrhunderts in Europa dominierend war (223, 502).

Zum Abschluß noch ein Zitat, in dem Grass in eigener Stimme
seine Geschichtsauffassung zum Ausdruck bringt. Es stammt aus
einer Rede, die er Mitte der siebziger Jahre gehalten hat, also zur
Entstehungszeit des *Butt*, und in der seine skeptische Zuversicht, sein
Glauben an den Fortschritt im Schneckentempo, wie er ihn noch im
Tagebuch einer Schnecke thematisierte, bereits revidiert ist:

> Zur Zeit sitze ich über einem Manuskript und mache Wörter,
> die weit ausholen, ins Mittelalter, in die Vorzeit zurücklangen
> und von essenden, kochenden, hungernden Menschen handeln.
> Die Geschichte der Nahrung und Ernährung will erzählt wer-
> den. Vergangener Hunger, vergangene Hungersnot sucht ihren
> Ausdruck. Doch die Zukunft hat uns schon eingeholt. End-
> lich—wir haben es geschafft. Die Zeiten sind wie aufgehoben:
> vergangene Barbarei kommt uns spiegelverkehrt entgegen. Wir

meinen zurückzublicken und erinnern dennoch bekannte Zukunft. Der Fortschritt, so scheint es, liegt hinter uns.[15]

Die Perspektive der Vorgegenkunft, das Zusammenfallen der Zeitebenen, das zyklische Geschichtsbild ist hier bereits formuliert. Die
vergehende Zeit führt zu nichts, sie schreitet nicht fort, sie wiederholt
sich nur. Die Leiden der Vergangenheit kehren wieder. Es ist ein
pessimistisches Weltbild, das keine Hoffnung für die Zukunft sieht.
Der Lauf der Welt erscheint als ein absurder Vorgang, über den der
Mensch keine Kontrolle gewinnen kann. Der Mensch ist diesem
absurden Vorgang ausgeliefert, er ist ein Opfer, eine Marionette auf
dem Karussell der Geschichte.

KAPITEL 7: DAS VERHÄLTNIS VON REALITÄT UND PHANTASIE

Ein Gesichtspunkt, der in den vergangenen Kapiteln mehrmals aufgetaucht ist, ist die Frage nach dem Verhältnis von Phantasie und Wirklichkeit. Es geht nicht darum, zu bestimmen, was wahr und erdichtet ist in diesem Buch—etwa Fragen zu stellen wie: Hat die Forschungsfahrt der Frauen in "Damroka" wirklich stattgefunden?—, es wäre ein müßiges Unterfangen, ganz abgesehen davon, daß dies zur Privatsphäre des Autors gehört und biographische Studien verlangen würde. Was uns interessiert ist, daß das Phantastische und das Wirkliche vermischt ist, daß die Trennlinien verschwimmen.

Auf der einen Seite hat das Buch direkten Bezug zur Wirklichkeit, reflektiert es die konkreten Probleme der Gegenwart, bezieht es sich auf aktuelle Fragen. Andererseits werden der Einbildungskraft die Zügel gelassen, wird abgehoben vom Boden der Tatsachen, wird geschwelgt in Übertreibungen, wird ungehemmt phantasiert. Warum die Kompromittierung des Realitätsbezugs durch die Phantasiererei, warum die Einschränkung des Flugs der Einbildungskraft durch das Gewicht des Faktischen? Warum diese Vermischung? In welchem Bezug stehen Realität und Phantasie?

Grass hat sich zu dieser Frage folgendermaßen geäußert:

> ...für mich ist das, was isoliert von der Wirklichkeit immer als "Phantasie" bezeichnet wird, ein Teil der Wirklichkeit. Ich mache diese Spaltung—hier Wirklichkeit, dort Phantasie—nicht mit.[16]

Ist diese theoretische Äußerung des Autors auf die *Rättin* anwendbar? Inwiefern ist der phantastische Aspekt des Romans als Teil der Wirklichkeit anzusehen? Wir wollen dieser Frage unter zwei Gesichtspunkten nachgehen. Zuerst interessiert uns das Konzept des Bildlichen—der Film, der Traum, das Erdachte—, und dann geht es um den Realismus der offenen, polyphonen Form.

Oskar Matzerath, wir erinnern uns, hat das Leben mit einem Film gleichgesetzt: "Das Leben ist wie ein Film" (311). Ähnliches sagt die Autorenfigur in einem Gedicht: "Kennt man schon, dieses Ende. /

Wurde laufendes Bild, wie wir verdampfen..." (329). Der Film—das
Erfundene, Erdachte—ist die Vorhersage oder Vorwegnahme der
Wirklichkeit. Die Wirklichkeit bringt keine Überraschungen mehr,
ein Ereignis trifft nicht mehr unerwartet ein, es wurde bereits ausgemalt, dargestellt, in der Phantasie durchgespielt.

Dieser Gedanke erklärt sich aus dem Zeitkonzept der Vorgegenkunft: wenn die Zeiten zusammenfallen, dann gibt es keine Zukunft
mehr, es gibt nichts Neues, die Welt dreht sich im Kreis, dasselbe
kehrt immer wieder. Aber noch ein anderer Gesichtspunkt spielt hier
mit herein. Als Matzerath die alte Polnische Post besucht—der
Kontext ist hier nicht wichtig—macht die Autorenfigur folgenden
Kommentar: "Niemand schießt, auf daß die Szene tatsächlich wird,
das beweisführende Foto" (293).

Das heißt also, daß eine Szene, ein erdachtes Ereignis real wird,
wenn es fotografiert oder gefilmt wird. Es ist natürlich ein ironischer
Kommentar, denn indem der Erzähler die Szene ausmalt, dem Leser
vor Augen führt, macht er diese fiktionale Begebenheit tatsächlich,
macht er sie zum Foto oder Film. Das Wesentliche an dieser Formulierung ist die Identifikation des Bildes mit der Wirklichkeit; und das
geistig Vorgestellte, das Bild von der Wirklichkeit entspricht dabei de
facto dem Abbild der Wirklichkeit, dem Foto: so wird das, was
bildlich ist—vorgestellt oder dargestellt—"tatsächlich".

Gehen wir von diesem Gesichtspunkt zurück zum Gedanken des
Films als vorweggenommene Wirklichkeit, dann ist das Verbild-
lichte—der Film—phasenverschoben tatsächlich; phasenverschoben,
indem das Ereignis, das der Film darstellt—zum Beispiel das Weltende—später eintrifft, nach dem Film Wirklichkeit wird. Der Film ist
die vorweggenommene Abbildung der Wirklichkeit.

Ähnlich wie mit dem Film oder Foto verhält es sich mit dem
Traum. Träume, die "bildkräftig" werden, sind "glaubhaft" (196),
und an einer anderen Stelle findet sich die Fügung "traumwirklich"
(27). Träume sind keine Erscheinungen außerhalb des Realen, sondern sie sind eine besondere Form des Wirklichen:

> Träume haben nun mal ihre besondere Optik; sie bestehen auf
> Unausgewogenheit. Ihrer erforschten Natur nach sprechen sie
> zwar auf höherer Ebene wahr, nehmen es aber unterm Strich
> nicht allzu genau...(241).

[Der Traum] entblößt die Wirklichkeit...(242).

So kann der Streit zwischen Ich-Erzähler und Rättin um die Gültigkeit ihrer jeweiligen zeitlichen Perspektiven, ihre Auseinandersetzung darum, wessen Welt wirklich ist, Ausdruck finden in der Frage: Wer träumt wen? Wer ist Subjekt, wer ist Objekt des Traumes, wer träumt und wer wird geträumt?

> Mir träumte ein Mensch,
> sagte die Ratte, von der mir träumt.
> Ich sprach auf ihn ein, bis er glaubte,
> er träume mich und im Traum sagte: die Ratte,
> von der ich träume, glaubt mich zu träumen;
> so lesen wir uns in Spiegeln
> und fragen einander aus. (423)

Wer träumt, und wer existiert im Traum? Die Frage bleibt formal offen bis zum Schluß des Buches. Die Träume des Ich-Erzählers und die der Rättin sind Brechungen der Wirklichkeit, insofern spiegeln sie sich wider. Die Idee des Spiegelbildes erinnert an den Gedanken vom Abbild, vom Foto. Es wird nicht entschieden, wessen Spiegelung die erste ist, aber, das ist der springende Punkt hier, beiden kommt Wirklichkeit zu, beide stehen in Bezug zur Realität. So haben wir das Nebeneinander verschiedener Wirklichkeiten in diesem Roman, die Pluralität der Perspektiven, die sich formal nicht gegenseitig ausschließen, sondern koexistieren als verschiedene Formen oder Brechungen der Realität.

Einem Bild kommt also Wirklichkeit zu; sei es in irgendeinem Medium dargestellt—Film, Foto, Gemälde (wie in "Malskat", man denke an die gescheiterten Verknüpfungsversuche der Erzähler, die versuchten, ihre Einfälle durch Darstellung in Malskats Deckengemälden Wirklichkeit werden zu lassen), Roman (zum Beispiel dem vorliegenden Roman)—sei es nur innerlich, vor dem geistigen Auge vorgestellt oder im Traum erlebt, ein Bild, sogar ein Gedanke nur, ist wirklich, oder um die zeitliche Phasenverschiebung zu berücksichtigen, trägt das Potential in sich, wirklich zu werden. So kann der medienversessene Oskar Matzerath sagen, "alles was vorstellbar sei, könne auch hergestellt werden" (315), und an anderer Stelle heißt es über ihn: "Was sein Kopf hergibt, muß Gestalt werden" (392).

Matzeraths Medientick, seine Besessenheit, die Zukunft vorwegzunehmen, ist somit, umgekehrt ausgedrückt, das Bestreben, Vorstellungen Wirklichkeit werden zu lassen. Das zeigt die folgende Passage:

> "Warum nicht Rattenmenschen", sagt er und ist, weil ich widerspreche, sofort zu längerer Rede bereit: "Hier hat ein bloßer Gedanke schon Hosen, Strümpfe und Schuhe an..."
>
> "Nicht alles, was sich der Mensch ausdenkt, sollte leibhaftig werden!"
>
> "Das hätte Gottvater sich sagen müssen, als er mit beiden Händen zugriff, um aus Lehm den alten Adam zu backen".
> (196)

Die eben zitierte Stelle, in der Matzerath seine Genugtuung über das Phantasiewesen Rattenmensch zum Ausdruck bringt, folgt unmittelbar auf die Nobelpreisrede, in der der Ich-Erzähler die Rattenmenschen als gentechnische Möglichkeit der Zukunft in Aussicht stellt. Rattenmenschen als Resultat genetischer Manipulationen: in diesem Kontext ist der Gedanke plausibel, erscheint die Möglichkeit konkret, hat der Gedanke bildhafte Wirklichkeit, "Hosen, Strümpfe und Schuhe an".

Die Position, die Matzerath in dem obigen Gespräch vertritt, und der gegenüber die Autorenfigur Bedenken anmeldet, steht für den menschlichen Wesenszug, der nach den Sternen greift, Utopien herzustellen versucht, den transzendentalen Idealzustand im hier und jetzt errichten will; sie steht für das Streben nach Fortschritt, nach Übersteigerung, für das Faustische oder Prometheische im Menschen. Es ist ein wichtiges Motiv des Romans und steht in Zusammenhang mit dem Themenkomplex der "Erziehung des Menschengeschlechts". Wir werden darauf noch einmal im Schlußkapitel eingehen.

Kommen wir zum Realismus der Romanstruktur, dem zweiten Programmpunkt des vorliegenden Kapitels. Der ganze Aufbau des Romans ist im Grunde phantastisch und scheint gegen die Regeln der Wahrscheinlichkeit zu verstoßen: das Parallelschalten von fünf eigenständigen, voneinander unabhängigen Erzählsträngen, das gleichzeitige Ablaufen dieser Geschichten, die ja verschiedenen Zeitebenen angehören; die willkürlichen, assoziativen Verknüpfungsmechanismen und die Traumerscheinungen; das merkwürdige Verhältnis zwischen Autorenfigur und den beiden anderen Erzählerfiguren, ihre Rivalität, ihre fiktionale Gleichrangigkeit; im weiteren Sinne die Eigenständigkeit des Erzählmaterials, wenn das auktoriale Ich den

Eindruck erweckt, es hätte nicht volle Kontrolle über den Handlungsverlauf.

Der springende Punkt ist nun, daß all diese "phantastischen"
Elemente aus einer zentralen Perspektive heraus organisiert sind, und
daß sie von diesem Blickwinkel her überzeugen und "realistisch"
sind. Diese zentrale Perspektive ist der Vorgang der Form, ist die
Form als Darstellung des Schreibprozesses, oder genauer gesagt, ist
die Fiktion der Form als Spiegelung des inneren Erlebens der Autorenfigur bei der Schreibarbeit.[17] Das Spontane, das improvisatorische Element, die Einbeziehung des Zufälligen, des momentanen
Einfalls, das Ausmalen mehrerer Variationen, das Anbieten alterna-
tiver Möglichkeiten, der spielerische Aspekt—formale Merkmale, die
wir in Kapitel 4 unter der Überschrift "Motivvermischungen" beschrieben haben—erklärt sich in diesem Zusammenhang, und auch
die Kehrseite, das Vorläufige, Fragmentarische, Unvollendete.

Auch die polyphone Organisation, das Parallelschalten eigenständiger Handlungen und die Vermischung der Zeitebenen, erscheint als
Reflexion dieses psychologischen Sachverhalts: diese Geschichten
existieren nebeneinander im Bewußtsein der Autorenfigur, er trägt sie
gleichzeitig in sich.[18]

Grass hat den Mechanismus psychologischen Erlebens selbst
hervorgehoben:

> Wir wissen es von uns. Jeder kann bei sich selbst überprüfen
> und nachweisen, daß unsere Gedanken sich nicht an den chro-
> nologischen Ablauf halten. Wenn wir denken, wenn wir träu-
> men, schweifen wir ab. Wenn wir irgendeiner Handlung
> nachgehen, können wir dennoch mit unseren Gedanken in
> anderen Regionen sein, in anderen Zeiten. Alles ist bunt
> gemischt, ein Fluten und Strömen. Da laufen mehrere Filme
> gleichzeitig in unserem Unterbewußtsein ab; das ist alles uralt
> und bekannt.[19]

So ist der "Bildsalat", das Ineinanderfließen von Bildern aus verschiedenen Erzählsträngen (siehe Kapitel "Das Filmische"), eine
momentane psychologische Schaltstörung; nebenbei bemerkt, ein
äußerst effektives stilistisches Mittel, den Leser auf kleinem Raume,
in ganz wenigen Sätzen, wie nebenbei, auf die psychologische Metaphorik der Form hinzuweisen.

In dem Gespräch mit Siegfried Lenz, aus dem wir eben zitiert
haben, beschreibt Grass, wie bei ihm, während der Arbeit an der
Blechtrommel, als er eine Reise nach Gdansk unternahm, durch die
Rückkehr an den Ort seiner Kindheit und Jugend (und Schauplatz
seines ersten Romans), durch das Wiedererkennen kleiner, unbedeu-
tender Einzelheiten Assoziationsvorgänge ausgelöst wurden, in denen
ein Motiv—zum Beispiel Brausepulver—sich in den Roman einpflanz-
te und die Handlung in Bewegung setzte, in denen die Handlung sich
selbständig machte, die vom Autor geschaffenen Figuren ein Eigenleben gewannen, der Autor zum "Instrument" der Handlung wurde.[20]

Diese Bemerkung ist interessant, weil Günter Grass hier erzählt,
wie bei ihm Realität und Phantasie ineinanderfließen, wie real Erlebtes sich verwebt mit Erdachtem, Fiktionalem. Das Phantastische,
Erdachte wird durch Konkretes, Erlebtes ausgelöst. Diesen Mechanismus kann man zum Beispiel in "Damroka" vermuten; es ist wahr-
scheinlich, daß dieser Erzählstrang auf biographische Sachverhalte
zurückgeht.

Aber darüberhinaus beschreibt Grass hier etwas, was er auch
ganz bewußt als Formelement in die Struktur der *Rättin* eingebaut
hat, nämlich die Eigendynamik des Erzählmaterials, wenn bestimmte
Handlungsträger der Kontrolle der Autorenfigur entgleiten und sich
selbständig machen. Man denkt an den Ausbruch der Kanzlerkinder
in "Märchenwald" (82-83), an die Eigenständigkeit und Gleichrangigkeit der Erzählerfiguren, an den Status der Autorenfigur als Romancharakter, der sich in "Damroka" zum Beispiel über den
Handlungverlauf informieren muß (97), oder auch an den
Erzählstrang "Matzerath", wo die Autorenfigur mehr als Zeuge denn
als Urheber des Erzählstrangs erscheint, wie bei Oskars Eintreffen in
der Kaschubei, als das Autoren-Ich Matzerath einen Kniefall
vorschlägt, dieser aber Haltung bewahrt und stattdessen die Hände
seiner Großmutter küßt (264-65).

Auch die assoziative Komponente des Romans—der Traum als
erzählerischer Ort, die Wucherungen der Assoziationen—ist erklärbar
im psychologischen Sinne und erscheint realistisch als Darstellung der
Funktionsweise der Einbildungskraft. Ein Beispiel, das wir bereits im
Kapitel 5 zitiert haben, ist die Alptraumsequenz (420). Hier haben

wir im Traum das Ineinanderfließen von Motiven und Bildern aus verschiedenen Erzählsträngen—ein Bildsalat im Traum—, und die Logik dieser Bilderfolge ist die Zufälligkeit assoziativer Vorstellungen—der Mechanismus des Unterbewußten—im Gegensatz zur Folgerichtigkeit bewußten, abstrakten Denkens.

Ein weiteres Beispiel ist die Wirkung der Leitmotive, die die Grenzen zwischen den Erzählsträngen überspringen—und die Erzählstränge so miteinander verschnüren: ein Bild, ein Motiv aus einem Erzählstrang, das in anderen Zusammenhängen und Handlungen auftaucht, trägt als Kontext alle Szenen mit sich, in denen es vorher anzutreffen war. Es wirkt so als Assoziationsauslöser und verkettet die Erzählstränge durch den Magnetismus motivischer Entsprechungen. Und die Willkürlichkeit dieser Verkettungen, das nicht logisch zu rechtfertigende Auftauchen eines Motivs in einem fremden Kontext ist nur plausibel als Resultat unterbewußter, bildhafter Denkvorgänge.

Grass macht so das Phantastische, Fiktionale zu einem Teil des Wirklichen, indem das Organisationsprinzip des Romans den Mechanismus der Einbildungskraft, der Phantasie—psychologisch Gegebenes—widerspiegelt.

Eine Anmerkung wert sind die in Kapitel 4 unter "Motivvermischungen" beschriebenen Assoziationsversuche der Erzählerfiguren, gescheiterte Versuche, Verkettungen, die nicht zustande kamen. Der Ich-Erzähler und Matzerath versuchen vergeblich, Malskat zu überreden, das Motiv Rattenmenschen in seine Deckengemälde einzubeziehen. Von der auktorialen Perspektive gesehen wird versucht, die Verbindung zu einem anderen Kontext herzustellen, wird die Verbindung begonnen, aber nicht durchgeführt, wird von der Verkettung abgesehen. Die Autorenfigur bewahrt die dokumentarische Oberfläche des Erzählstrangs "Malskat", den betont faktenhaften Ton, der beim Lesen den Eindruck der Wirklichkeitsnähe, des Faktischen erzeugt. Die Verbindung von einem historisch nachprüfbaren Kontext und einem Phantasiemotiv wird in diesem Falle unterlassen, als ob um zu zeigen, daß die Phantasiererei Grenzen habe, daß der Roman wirklichkeitsbezogen sei, daß es um Konkretes geht, daß der Leser das, was erzählt wird, ernstnehmen könne, daß das

Phantastische nicht dem Bezug zur Wirklichkeit, zur Gegenwart widerspreche.

Form als Vorgang, Form als Spiel: es könnte der Einwand vorgebracht werden, daß wir uns mit unseren Fragestellungen im Kreis bewegt haben. Aber daß wir, von verschiedenen Ansätzen ausgehend, immer wieder auf dieselben Merkmale der Form gestoßen sind, bedeutet keine methodische Fehlführung, keinen logischen Irrgang unserer Untersuchung. Die Ergebnisse sind auf das Wesen der formalen Gestaltung des Untersuchungsgegenstandes zurückzuführen.

Wir haben es bereits in der Einleitung erwähnt, und im Verlauf der vorliegenden Arbeit ist es deutlich geworden: die Rättin ist aus einer zentralen Idee heraus organisiert. Dieser Grundgedanke ist die psychologische Metaphorik der Form als Spiegelung des inneren Erlebens der Autorenfigur bei der Schreibarbeit, als Darstellung der Befindlichkeit des auktorialen Bewußtseins bei der Ausarbeitung des Romans. Aus dieser Perspektive werden all die verschiedenen Merkmale der Form plausibel: die Gleichzeitigkeit der Erzähltränge, der Erzählvorgang als Auseinandersetzung des auktorialen Bewußtseins mit seinen Protagonisten, der offene, durchlässige, improvisatorische Aspekt der Form, das Assoziative, das Spontane, die verschiedenen Variationen und Alternativen, der Entwurfcharakter, das Spielerische, die Traumlogik und so weiter.

ANMERKUNGEN

1. Schon in *Örtlich betäubt* spielte der Fernsehschirm ein wichtige Rolle, als Auslöser von Staruschs Erinnerungsassoziationen und Denkvorgängen.

2. Auch Janette Turner Hospital sieht die Form in Analogie zu Programmwechseln auf einem Bildschirm. "Post Futurum Blues: The Rat", *New York Times Review of Books* 5. Juli 1987. Auf den Fernsehapparat oder die Filmkamera als Medium der Montage in *Örtlich betäubt* hat Renate Gerstenberg hingewiesen. *Zur Erzähltechnik von Günter Grass* 109.

3.

>   Die Großmutter...nimmt das...Lackkästchen der Bösen Stiefmutter, schaltet Bonn aus und den Schwarzweißfilm "Rotkäppchen und der Wolf" ein. Nach kurzem Bildsalat, der verschiedene Märchenmotive ahnen läßt, sieht sie endlich, wie der Wolf Rotkäppchen frißt und feurige Augen hat. (237)

4. vgl. Kapitel 4, "Improvisation, Spiel, Ironie".

5.

>   ...Vineta...[wurde] reich und schließlich stinkreich..., bis die Flut bei Nordweststurm kam, das war um zwölfhundertnochwas. (291)

6.

>   ...die Pest..., jene Plage, die ab Mitte des vierzehnten Jahrhunderts...in ganz Europa heimisch wurde, und als Gottesgeißel überall die Menschen lehrte, das Weltende kommen zu sehn...(366).

7.

>   In alles mischten sich Ängste: nicht nur in ihre Schattenquartiere, auch in ihr buntgepinseltes Glück. Deshalb schlugen ihre Farben so grell ins Auge. Immerverschreckte Kinder, die einander die Blässe des Todes anschminkten, sich mit Leichen-

grün ahnungsvoll zeichneten.... Den Rücken lang, die Brust, den Hals hoch, bis übers Gesicht waren die einen schwarzweiß vergittert, die anderen wie von Geißelhieben verletzt. Sie wollten sich blutig sehen.... Ach, ihre feierlich inszenierten Totentänze auf bankrottem Fabrikgelände: vom Mittelalter zurückgeholt, als wären die Flagellanten in sie gefahren. (46)

8.

...wenn ich jetzt sage, das Mittelalter war seine Zeit, sehe ich ihn leibhaftig vor siebenhundert Jahren hoch im Gerüst: die verfilzte Wollmütze über beide Ohren gezogen.
Er wird nach dem Niedergang des Stauferreiches, während wirrer und rechtloser Jahre, bis ins Greisenalter—kurz vorm Auftritt der Pest—in vielen Kirchen und Heiliggeisthospitälern tätig gewesen sein; überall hinterließ seine Werkstatt Spuren. (271)

9.

Wollte man menschlichen Glaubensstreit zum Vergleich bemühen und die Humangeschichte nach ähnlich grausamen Verirrungen absuchen, müßte von Waldensern, Hussiten oder von Wiedertäufern und Trotzkisten die Rede sein...(352).

10. Wir haben im letzten Kapitel erwähnt, daß in diesem Roman keine wesentliche Unterscheidung zwischen Film und Traum gemacht wird. Die Entsprechung zur filmisch vorproduzierten Zukunft ist der Traum als Zukunftsvision. Der ganze Erzählstrang "Rättin" ist eine Zukunftsvision. Hier ein Beispiel aus der Nobelpreisrede, als der Erzähler von den zukünftigen Rattenmenschen spricht: "Noch...ist sein Bild ohne feste Konturen. Allenfalls machen ihn Träume deutlich". (195)

11. *Über Phantasie (Siegfried Lenz: Gespräche mit Heinrich Böll, Günter Grass, Walter Kempowski, Pavel Kohout)*, Hrsg. Alfred Mensak (Hamburg: Hoffmann und Campe, 1982) 72.

12. *Das Treffen in Telgte* (1979) ist eine Erzählung und kein Roman, und paßt aus diesem Grunde—wie eigentlich auch die Novelle *Katz und Maus*—nicht in unser Schema der Entwicklung der Romanstrukturen.

13. Der Gedanke der Vorgenkunft taucht zum ersten Mal auf in *Das Treffen in Telgte*. Dort heißt der erste Satz: "Gestern wird sein, was morgen gewesen ist" (*Telgte*, 7). Vorläufer der "Vorgegenkunft" ist das "Zeitweil" Spiel im *Butt*, wo der Ich-Erzähler beliebig zwischen den verschiedenen historischen Epochen hin- und herspringt.

14. *Kopfgeburten* 130.

15. Günter Grass, "Nach grober Schätzung", eine Rede gehalten Februar 1975 in New Delhi, Council of Cultural Relations, in *Denkzettel: Politische Reden und Aufsätze 1965-1976* (Darmstadt und Neuwied: Luchterhand, 1978) 217.

16. *Über Phantasie* 63.

17. Hanspeter Brode hat im Zusammenhang mit dem *Tagebuch einer Schnecke* und dem *Butt* bemerkt, daß in beiden Werken "eine interne Kommunikationssituation den Angelpunkt des kompositorischen Gesamtvorhabens" bilde. *Günter Grass* (München: Beck, 1979) 178. Das könnte man auch über die *Rättin* sagen, nur ist diese Kommunikationssituation eine innere: die Auseinandersetzung des Autoren-Ichs mit den beiden anderen Erzählern spielt sich in dessen Bewußtsein ab.

18. Daß das Strukturmerkmal der Gleichzeitigkeit sich als Darstellung der gedanklichen Vorgänge des Ich erklärt, erwähnen auch Rohlfs bezüglich *Kopfgeburten* (in *Critical Essays on Günter Grass* 197) und Koopmann bezüglich dem *Butt* (in *The Fisherman and His Wife* 82-83).

19. *Über Phantasie* 62.

20. *Über Phantasie* 66-67.

Teil IV: Thematik und Form

KAPITEL 8: ZUSAMMENFASSUNG UND ABSCHLIEßENDE BEURTEILUNG

Im letzten Teil unserer Arbeit wollen wir die thematischen Elemente, die wir im ersten Teil zutage gefördert haben, zusammenfassen und im Hinblick auf die auktoriale Haltung betrachten; die didaktische Absicht soll hier zur Sprache kommen, der Roman als Mittel der Kritik. Und dann gehen wir an die Spannung zwischen Thematik und Form und die Frage nach der Funktion der Form innerhalb des Werkes.

Auf thematischer Ebene bedeutet der Roman eine umfassende Kritik an den bestehenden Verhältnissen und ist bitter ernst gemeint, andererseits ist *Die Rättin* auf formaler Ebene ein ironisierendes Spiel, ein Vorgang spaßeshalber, der letzten Endes auch die thematische Ernsthaftigkeit untergräbt. Ist dies ein unauflöslicher Widerspruch, ein Riß in der kompositorischen Konzeption, der den Roman zum Fehlschlag macht, oder ist es eine fruchtbare, bedeutungsvolle Spannung, die dem Buch Komplexität und Tiefe verleiht?

Wenn wir das Werk überblicken, dann ist der unmittelbare Eindruck, das, was beim Lesen als erstes auffällt, die Stellungnahme und der Bezug zur Wirklichkeit, zum historisch und politisch Gegebenen. Das Buch ist eine Beurteilung der gegenwärtigen Verhältnisse, es ist ein Instrument der Kritik und entspringt ganz deutlich didaktischer Absicht. In Kapitel 1 haben wir einen Überblick über die Thematik der jeweiligen Erzählstränge geliefert, und wenn wir diese thematischen Momente zusammenfassen, dann zeigt sich dieses Buch als radikale, ätzende Kritik der politischen, wirtschaftlichen, geistig-kulturellen Gegebenheiten und Entwicklungen, und das—obwohl Danzig wieder einmal ein zentraler Handlungsort ist—aus überregionaler, umfassender Perspektive. Grass rechnet ab, indem er die einzelnen Posten der weltumfassenden Misere aufrechnet.

Es ist zunächst eine Kritik aus deutscher Sicht und zur deutschen Situation der Nachkriegsphase. Dabei ist zu bemerken, daß zur Entstehungszeit der *Rättin*, aus der historischen Perspektive Mitte der achtziger Jahre, die Wiedervereinigung nicht absehbar war.

Die Aufteilung Deutschlands in zwei Staaten nach dem Zweiten Weltkrieg ist ein nur scheinbarer Neubeginn. Die Preisgabe der nationalen Einheit ermöglicht den Teilstaaten die Abwendung von der Vergangenheit, mildert den Zwang, sich der Vergangenheit zu stellen und der Verantwortung und Schuld für das Geschehene. Das grundsätzliche Überdenken der historischen Entwicklung wäre die Grundlage für einen politischen Neubeginn gewesen. Stattdessen gibt es einen nur scheinbaren Anfang—mit den Mördern "in Amt und Würden" (392)—auf Grund teilstaatlicher Identität; das vermindert die Last der Verantwortung für Geschehenes und bringt wirtschaftlichen Vorteil: der jeweilige Anschluß an die polarisierten Lager der Siegermächte macht die beiden Teilstaaten jetzt zu Verbündeten der Sieger und qualifiziert sie damit als Partner für neue Geschäfte. Der Verzicht auf nationale Einheit macht sich bezahlt.

Der wirtschaftliche Aufstieg hat seinen Preis: die Zerstörung der Umwelt, dargestellt im Sterben der Wälder und der Verquallung der Ostsee. Und noch etwas kommt infolge der Staatsfälschungen mit ins Spiel, denn mit den Wäldern sterben die Märchen, und die "schönen Wörter", die poetische Sprache. Es ist eine Kulturkritik: der Verzicht auf nationale Einheit, das sich Verstecken vor der Vergangenheit bringt mit sich den Verlust kultureller Identität. An anderer Stelle hat Grass von der Gefahr eines nationalen Vakuums gesprochen und die beiden deutschen Staaten als "kulturbetriebsame Barbareien" bezeichnet,[1] ohne "kulturelle Substanz".[2] Übrigens hat Grass seine Einschätzung zum Verhältnis der beiden Teile Deutschlands mit der Wiedervereinigung keinesfalls revidiert, weiterhin kritisiert er das Fehlen eines kulturellen Selbstverständnisses und die materielle Wertorientiertheit, die stattdessen zum Träger der Einheitsidee gemacht worden ist.[3]

Und der letzte Gesichtspunkt: als Satelliten der Weltmächte stehen die beiden deutschen Staaten in großer politischer Abhängigkeit; sie gehören verfeindeten Lagern an, was ihnen die Teilnahme an einem möglichen künftigen Kriege aufzwingt. "Schon jetzt ist Deutschland in seiner zweistaatlichen Abhängigkeit als atomarer Kriegsschauplatz vorgesehen", so Grass im zeitlichen Umfeld zur Entstehung der *Rättin*, als der Zusammenbruch des post-stalinistischen Sowjetimperiums, der die militärische Polarität der alten

Supermächte weitgehend aufgehoben hat, noch nicht vorauszusehen war.[4]

Über die Lage Deutschlands hinaus bedeutet die *Rättin* eine Kritik an der weltpolitischen Situation, an der Politik der Großmächte, am Wettrüsten und am Verteidigungskonzept der nuklearen Abschreckung, das die Gefahr der Zerstörung der Erde mit sich bringt.

Schließlich ist es auch eine Kritik an der menschlichen Natur an sich, die sich auszeichnet durch Grausamkeit, Zerstörungswut, Mordlust.[5] Es gibt jedoch verschiedene Versionen des Menschlichen—die "chinesische Spielart des Humanen" ist weniger gewaltsam (76-77)—, und der Brennpunkt von Grass' Kritik ist die abendländische Spielart, die Kultur der westlichen Welt—in deren Kreis sowohl Deutschland wie die beiden Großmächte gehören—, und diese Kritik konzentriert sich vor allem auf das Gedankengut der Neuzeit, auf den Rationalismus, auf die Tradition der europäischen Aufklärung, auf das Programm der "Erziehung des Menschengeschlechts".

Grass versteht sich natürlich durchaus in dieser Tradition[6], sieht aber die "unausweichliche Notwendigkeit, den gesamten Prozeß der europäischen Aufklärung grundsätzlich in Frage zu stellen".[7] 1984, im "Orwelljahr", in der Entstehungszeit der Rättin hat er sich folgendermaßen geäußert:

> Ich glaube, daß ein kritisches Eingehen auf das, was wir heute erleben ohne Revision der Aufklärung nicht zu leisten ist. Und dies wäre die vornehmste Aufgabe der Aufklärung, erst mal im eigenen Bereich zu beginnen und zu fragen, warum ist die Erziehung des Menschengeschlechts als große Aufgabe der Aufklärung dahin geraten, wo sie heute ist. Die Erziehung schützt ja nicht etwa vor Auschwitz. Umgekehrt kann man sagen, daß Analphabeten wahrscheinlich dazu nicht in der Lage wären. Aufklärung im Sinne von Erziehung hat sogar mit einen Beitrag zu dem geleistet, was zu Auschwitz geführt hat. Auch die Möglichkeit der Selbstvernichtung aus Sicherheitsgründen ist ein Produkt der durch Aufklärung propagierten rationalen Lebensführung. Das ist ja das Erschreckende und Auffallende: Die Sprache der Militärs ist ja nicht ein irrationales Gefasel, sondern logische Argumentation, die Sprache der Aufklärung.[8]

Was Grass hier zur Sprache bringt, ist ein Thema, das den ganzen Roman durchzieht: das Paradox der Aufklärung, der Widerspruch zwischen vernunftgemäßem Handeln und zerstörerischen

Auswirkungen, zwischen rationaler Motivierung und unmenschlichen Zielen, das Thema der Pervertierung des der Aufklärung zugrunde liegenden Humanitätsideals.

Das Paradox der Aufklärung wird in der *Rättin* in mehrfacher Hinsicht aufgezeigt. Zum Beispiel an der konsequenten Anwendung aller technologischen Möglichkeiten—Naturwissenschaften und Technik sind ja Früchte systematischen, rationalen Denkens, und an anderer Stelle hat Grass davon gesprochen, daß der Vernunftbegriff der Aufklärung sich auf die technische Vernunft verengt hat[9]—zur Förderung des Wirtschaftswachstums, dem Hauptziel kapitalistischen Denkens. Der Kapitalismus wird gezeigt als ein System zur Vermehrung des Wohlstands, an dem der Großteil der Welt keinen Anteil hat: der Überfluß der Industriestaaten wird gespeist aus den Rohstoffquellen und dem Arbeitskraftpotential der zunehmend verschuldeten und verarmten Dritten Welt.

Und eine zweite Auswirkung rücksichtsloser industrieller Produktion ist die irreparable Störung des ökologischen Gleichgewichts, die Vergiftung der Umwelt, der immer klarer absehbare Zusammenbruch der Natur.

Überhaupt ist die Auffassung der westlichen Zivilisation der Natur gegenüber die eines ungeordneten Zustands, der reguliert, eines Chaos, das geordnet werden muß. Sie ist darauf ausgerichtet, die Natur zu unterwerfen, gottgleich in die Natur einzugreifen und sie möglichst weitgehend nutzbar zu machen. Es ist "das Faustische im menschlichen Wesen" (194), und am deutlichsten wird diese faustische oder prometheische Hybris am Thema Genmanipulationen deutlich gemacht: Absicht ist es, die Natur oder Gott zu "verbessern" (394).

> Die Aufklärung hat bei aller Ablehnung der Scholastik doch vom Christentum die Auffassung übernommen, daß der Mensch die Natur zu beherrschen habe. Hier sehe ich eine der wichtigsten Quellen des Mißbrauchs der menschlichen Fähigkeiten: Ausbeutung der Natur bis zur absehbaren Zerstörung allen Lebens.[10]

So Grass im September 1984 zur abendländischen Einstellung gegenüber der Natur.

Letztlich zeigt sich das Paradox der Aufklärung auch in dem Verlust der Phantasie, verursacht durch die Reduktion des Denkens auf eindeutige, lineare Kausalitäten, durch die Festnagelung des Realitätsverständnisses auf mechanistisch-logische Zusammenhänge, durch den Glauben, daß alle Erscheinungen des Lebens restlos ergründbar sind. Die Folge ist eine Scheinvernunft, ein irrationaler Rationalismus, die heillose Verquickung von Vernunft und Irrationalem.[11] Das äußert sich in dem Versuch, Sicherheit durch atomare Abschreckung zu gewährleisten. Es ist ein Sicherheitsstreben, das sich aus dem psychologischen Mechanismus der Angstverdrängung erklärt. Wie auch die Delegation der Verantwortung für die Atomwaffen an Computer—die Grass als neuzeitliche "Schamanen" bezeichnet[12]—den irrationalen Versuch der Beseitigung des Zufalls darstellen, den Aberglauben, daß alle Erscheinungen des Lebens berechenbar seien.

Ebenfalls in diesen Zusammenhang gehört der Utopieglaube, das Streben nach Transzendenz, das letzten Endes auch auf der Überzeugung beruht, daß die Geschichte in ihren weiten Zügen voraussehbar und berechenbar ist. Für Grass sind Absolutheitsdenken und Utopiestreben die Quelle der Inhumanität, weil sie immer zur Rechtfertigung und als Vorwand für Ausbeutung und Gewalt gebraucht wurden, und weil sie in der Regel Unrecht als Mittel zur Erreichung eines Endziels sanktionieren:

> ...[es] überrascht...nicht, daß so viele Völker im Namen des besonderen Glücks ins allgemeine Unglück gestoßen, bei dauernder Anrufung der Vernunft in die ausweglose Irre geführt worden sind. Ungezählt die Kriege um des ewigen Friedens willen. Die anhaltende Knechtschaft unter dem Herrschaftszepter der Gerechtigkeit. Wann immer die reine Tugend dem Volk ein Licht aufsteckte, warf die Barbarei ihren Schatten.[13]

In thematischer Hinsicht stellt die *Rättin* also eine umfassende Kritik dar: an der Situation Deutschlands, an der weltpolitischen Situation, an der menschlichen Natur, und an den Werten der westlichen Kulturtradition. Es ist eine Kritik mit didaktischer Absicht und erscheint als solche in gewissem Widerspruch zu Grass' historischem Pessimismus und der düsteren Zukunftsperspektive, die in diesem Roman artikuliert wird. Warum sich überhaupt die Mühe machen?

Grass spricht von der "Kassandra-Nachfolge" des Schriftstellers, der warnen muß, selbst wenn er nicht daran glaubt, eine Veränderung herbeiführen zu können, selbst ohne die Hoffnung, daß die Katastrophe abwendbar ist.[14]

Jetzt, da für Grass die Zukunft in Frage gestellt ist—und damit auch die Wirkung der Literatur auf die Zukunft—, kommt für ihn ein neues Moment in seine Arbeit. Schon 1982 sagt er über den Plan zur *Rättin*:

> Doch weiß ich, daß jenes Buch, das zu schreiben ich vorhabe, nicht mehr so tun kann, als sei ihm Zukunft sicher. Der Abschied von den beschädigten Dingen, von der verletzten Kreatur, von uns und unseren Köpfen, die sich alles und auch das Ende alldessen ausgedacht haben, müßte mitgeschrieben werden.[15]

Und so findet das Motiv Abschiednehmen seinen thematischen Niederschlag im Roman. Auf Matzeraths Frage, zum Beispiel, warum das Arbeitsprojekt "Märchenwald" ein Stummfilm werden soll, antwortet der Ich-Erzähler: "Weil alles gesagt ist. Weil nur noch Abschied bleibt"(123). Und im Gedicht, das dem Thema Abschied gewidmet ist, heißt es:

> Es sucht mein Auge, als sei es geschult worden,
> Abschied zu nehmen, rundum Horizonte, die Hügel
> hinter den Hügeln, die Stadt
> auf beiden Seiten des Flusses ab,
> als müßte erinnert, verschont, gerettet werden, was
> auf der Hand liegt: zwar aufgegeben, doch immer noch
> dinglich, hellwach. (116-17)

Die Dinge sind schon aufgegeben, die Katastrophe steht bevor. Aber im Abschiednehmen, im Erinnern, im Akt des Sagens, Benennens werden sie noch einmal bedeutend und bedeutungsvoll gemacht; vielleicht ist es die ferne Entsprechung zu einem magischen Vorgang, zu einer Beschwörung.[16] Der, der anschaut und erinnert, registriert und bezeichnet den Standort der Dinge innerhalb des eigenen Horizonts, innerhalb seiner Welt, und indem er ihre Dinglichkeit benennt und bestätigt, bestätigt er das eigene Dasein.

Die Gesamtheit der Dinge ist die Summe der Einzelposten eines Lebens, ergibt die Totalität einer Existenz. So wird Abschiednehmen zu einer unendlichen Aufzählung: die kleinsten Dinge werden benannt, an denen man hängt, die einem etwas bedeuten, die zur eigenen Welt, zum eigenen Leben gehören. Und so ist auch das Gedicht zum Thema Abschiednehmen eine lange Aufzählung, eine Liste vieler Einzelheiten, auch von Alltäglichem, Banalem.

Das ganze Buch hat etwas an sich von diesem Anschauen, von dem Einbringen vieler Einzelelemente.[17] Man kann die polyphone Form der *Rättin* als Versuch ansehen, eine Totale herzustellen: im Nebeneinander mehrerer unabhängiger Erzählstränge, in der Mannigfaltigkeit der Themen und Motive, im Überquellen der Einfälle, in all dem Persönlichen und Privaten—die weitgehende Identität von Autor und Ich-Erzähler, der sich das Gegenüber Ratte zu Weihnachten wünscht; hinter der Damroka Figur steht die Ehefrau Ute Grass, auch mit den anderen Frauen des Schiffes war er, wie er zu verstehen gibt, verbunden; wieder ist die Heimatstadt Danzig ein Haupthandlungsort—, und schließlich in den Bezügen zum Gesamtwerk—zum *Butt*, zur *Blechtrommel*—das ja die künstlerische Identität eines Autors darstellt. Letzten Endes dient auch der offene Aspekt der Form der Darstellung einer Totalen; der Versuch der Spiegelung der Denkvorgänge in ihrer Gesamtheit, die Wiedergabe der Häufung der Gedanken, denen der Autor in der Phase der Ausarbeitung ausgesetzt ist.

Kommen wir nun zu einer Bewertung der offenen Form. Sie steht in starker Spannung zu der düsteren Zukunftsperspektive, die im Buch ausgemalt wird, und zu der ernsthaften Kritik an den bestehenden Verhältnissen, zu dem ganzen thematischen Aspekt also. Der offene Aspekt der Form, der Vorgang der Form, das Improvisatorische: all das ist Spiel, macht Spaß, ist Ironie, schafft Distanz zum Thematischen—"dem Ende...läuft die Posse voran", wie es im Buch heißt (268).

Patrick O'Neill hat die Ironie des Formspiels als eine Parodie der Literatur als Medium erzieherischer Intentionen, auch als eine Selbstparodie von Grass gegenüber der eigenen didaktischen Absicht bezeichnet.[18] Ich möchte dem nicht widersprechen, aber diese Erklärung befriedigt nicht ganz, und sie erklärt nicht das Ganze. Das spielerische Moment bedeutet meiner Auffassung nach nicht die Negation der thematischen Elemente, sondern ist Ausdruck der auktorialen Haltung ihnen gegenüber; es bedeutet nicht, daß der

Autor das, worüber er schreibt, nicht ernst nähme, daß er mit der Weltuntergangsthematik leichtfertig umginge, unaufrichtig wäre damit. Sondern es bedeutet dies: *Die Rättin* ist kein wehleidiges Buch—und das ist der springende Punkt, den manche Kritiker, allen voran Marcel Reich-Ranicki übersehen haben, der die vorherrschende Stimmung des Buches mit "Enttäuschung, Resignation, Hoffnungslosigkeit" bezeichnet hat.[19]

Grass selbst hat sich zur Funktion der Ironie folgendermaßen geäußert: "Ohne die Komik der Situation, selbst beim Untergang eines Menschengeschlechts, ist gar keine Distanz zu schaffen, auch Distanz für den Leser. Ich bin gegen Untergangssentimentalitäten...".[20]

Was tut man, wenn man schwarzsieht, wenn man die Zukunft so düster und pessimistisch beurteilt? Verzweifeln, zu schreiben aufhören, vielleicht sogar seinem Leben ein Ende machen? Oder dagegen anschreiben, was Grass auf zweierlei Weise tut, indem er erstens das Unheil abzuwenden versucht, davor warnt—was seinen Niederschlag im Thematischen findet—, und zweitens weitermacht, weiterlebt, darauf besteht, weiterhin Spaß zu haben, trotz allem. Und diesen zweiten Punkt sehe ich im Vorgang der Form ausgedrückt. Es ist eine Trotzhaltung gegenüber der Bedrohung der Zukunft, ein Mittel der Distanzierung als einziger Weg, um mit dieser pessimistischen Zukunftssicht leben zu können, um trotzdem weiterzumachen. Ja, die Welt bereitet ihren Untergang selbst vor, der Lauf der Dinge ist absurd, aber ich weigere mich zu verzweifeln, mich entmutigen zu lassen. Ich lasse mir den Spaß nicht nehmen, selbst wenn ich keine, oder kaum Hoffnung habe. Grass hat auch erklärt, daß aus technischer Sicht die Absurdität für ihn überhaupt die Grundlage schafft für Ironie, für das formale Possenspiel: "...diese Leere, das Nichts... schafft Platz für nachhallendes, also literarisches Gelächter".[21]

In Äußerungen der 80er Jahre kommt Grass immer wieder auf Camus' Version des Mythos von Sisyphos zu sprechen. Sisyphos nimmt das Urteil der Götter an, er sagt ja zum Stein, der immer wieder den Berg hinunterrollt, er akzeptiert die Sinnlosigkeit seines Schicksals, er lebt ohne Hoffnung auf Erlösung. In Grass' Worten: Sisyphos "...bejaht...das Absurde, Sinnlose des menschlichen Tuns. Er kommt ohne Ideologie, ohne Utopie und ohne Heilsversprechen aus und wälzt dennoch weiter den Stein".[22]

Sisyphos ist das Symbol einer Trotzhaltung gegenüber dem Absurden: er macht trotzdem weiter, er ist trotzdem glücklich, und er verzichtet auf die Hoffnung jeglicher Transzendenz. Und so bezieht Grass Sisyphos auf sich selbst: "...ich bin vom Stamme Sisyphos. Deswegen werde ich selbst dann, wenn ich erkenne, es hilft nicht mehr weiter, es ist zu spät...dennoch den Stein weiterwälzen".[23] Die Triebkraft dazu kommt aus seiner Freude am Leben: "Ich sehe mich nach wie vor, eigentlich sogar zunehmend, in der Lage, Dinge zu genießen".[24] Und Freude und Genuß sind letzten Endes auch der motivierende Faktor für seine schriftstellerische Arbeit: "Ich schreibe eigentlich in erster Linie aus Lust...."[25]

Die distanzierende Ironie der offenen Form ist also eine Geste des Trotzes, existentialistische Selbstbehauptung, die Verweigerung zu verzweifeln.[26]

Abschließend soll ein letzter Gesichtspunkt zur Sprache kommen: die offene Form als Ausdruck der Haltung des Autors zum Leser. Die spielerische, offene Form stellt den bewußten Verzicht auf Perfektion dar. Das ist der Preis einer Improvisationsästhetik: die Form als Vorgang, der Vorgang, der zum Thema wird, schließt den Abschluß, die Vollendung aus. Sie kann nicht vollendete Komposition im klassischen Sinne sein, eine perfekte, zeitlos-statische Architektonik jenseits aller Zufälligkeiten, eine Errungenschaft, die Ehrerbietung beansprucht. Das soll nicht die Leistung der komplexen Struktur der *Rättin* schmälern, sondern das Wesen der kompositorischen Grundhaltung betonen. In der *Rättin* findet sich nichts mehr von der traditionellen Auffassung eines Kunstwerks, die im wesentlichen aristokratischer Natur ist, und die ein Werk mit dem Anspruch präsentiert, daß es die bestmögliche Realisation aller seiner Form inhärenten Möglichkeiten sei. Der Verzicht auf Abgeschlossenheit ist ein kompositorisches Risiko—die Form ist nicht abgesichert, nicht vor dem Zufall geschützt. Der Autor ist in einer verletzbaren Position. Die Darstellung der Form als Arbeitsvorgang bedeutet, daß der Autor sich preisgibt, sich bloßstellt. Grass beschreibt sich als jemand, der es gewohnt ist, "sich in Frage zu stellen, ...eine einmal gewonnene Position zu verlassen, sich selbst einem Risiko auszusetzen", und als jemand, "der als Autor nicht vorgehabt hat, sich zum Klassiker machen zu lassen".[27] Die Haltung zum Werk ist auch eine Haltung gegenüber dem Publikum. Der Autor ist nicht das enthobene

Genie, sondern er macht sich "gemein", er bezieht den Leser mit ein, er gestattet ihm Einblick in den kreativen Vorgang. Diese Annäherung von Produzent und Rezipient erinnert an den Ursprung der epischen Form, an die mündliche Darstellung, an das Erzählen im wörtlichen Sinne, wozu auch das Spinnen von Seemannsgarn gehört, "tall tales", die Übertreibung, das Spiel eben. Es ist ein Spiel mit dem Leser, wobei dem Leser, indem ihm mitgespielt wird, klar wird, daß das Spiel für ihn stattfindet. Der Erzähler blinzelt dem Zuhörer zu.

Das Erzählen als Vorgang ist also kein Spiel, das den Leser zum Opfer macht, sondern das ihm die Möglichkeit gibt, daran teilzunehmen, indem er den Erzählvorgang nachvollziehen kann. Der Leser gewinnt Einblick hinter die Kulissen—wie bei einer Theaterprobe oder Filmaufnahme—, und es ist das Publikum im Saal—im Theater oder Kino—, eine erzähltechnische Fiktion, mit dem gespielt wird.

Grass macht den Leser zum Komplizen: hier sehe ich den demokratischen Aspekt der offenen Form. Sie bedeutet den Verzicht auf die Förmlichkeit der Darbietung, auf die Illusion der Vollendung. Der Leser wird als Zuschauer zu den Proben zugelassen und gewinnt Einblick in die Hexenküche, in das Fragmentarische, in das im Bau befindliche Werk. Zur Aufführung, zur Vollendung des Baus kommt es dabei nie, das ist fiktionale Zukunft impliziert im Gedanken der Form als Vorgang.

ANMERKUNGEN

1. *Über Phantasie* 95, 96.

2. "Literatursymposium 1981: > Außenseiter <, 20.-22. November 1981", *Manuskripte: Zeitschrift für Literatur*, Sondernummer (1980) 75-81.

3. "Geld muß die fehlende, übergreifende Idee ersetzen". Günter Grass, "Einige Ausblicke vom Platz der Angeschmierten", in *Ein Schnäppchen namens DDR: Letzte Redem vorm Glockengeläut* (Frankfurt: Luchterhand, 1990) 21. Siehe auch "Ein Schnäppchen namens DDR", ebda.

4. Günter Grass, "Vom Recht auf Widerstand: Rede bei der Gedenkveranstaltung der SPD zum 50. Jahrestag von Hitlers Machtergreifung am 30. Januar 1983 in Frankfurt", *Widerstand lernen: Politische Gegenreden 1980-1983* (Darmstadt und Neuwied: Luchterhand, 1984) 64.

5.

> ...mörderisch ging es zu Humanzeiten zwischen Serben und Kroaten, Engländern und Iren, Türken und Kurden, Schwarzen und Schwarzen, Gelben und Gelben, Christen und Juden, Juden und Arabern, Christen und Christen, Indianern und Eskimos zu. Sie haben sich abgestochen und niedergemäht, ausgehungert, vertilgt. (106)

6. Günter Grass, *Aussage zur Person: 12 deutsche Schriftsteller im Gespräch mit Ekkehart Rudolph* (Tübingen, Basel: Erdmann, 1977) 88.

7. "Ein Stück persönlicher Literaturgeschichte: Ein Gespräch mit Günter Grass", *Die Rolle des Autors: Analysen und Gespräche*, Hrsg. Irmela Schneider (Stuttgart: Klett, 1981) 119.

8. Günter Grass et al., "Die Maßstäbe müssen sich verändern! Ein Gespräch über Schriftsteller und Literatur heute", *L 80: Zeitschrift für Literatur und Politik* 32 (1984) 42-43.

9. *Die Rolle des Autors* 119.

10. "Die Maßstäbe müssen sich verändern!" 54.

11. vgl dazu Günter Grass, "Literatur und Mythos", *L 80* 19 (1981) 128.

12. "Literatur und Mythos" 128.

13. Günter Grass, "Die Zauberlehrlinge", *Widerstand lernen* 100.

14. Günter Grass, "Offener Brief an die Abgeordneten des Deutschen Bundestages, November 1983", in *Widerstand lernen* 85.

15. Günter Grass, "Die Vernichtung der Menschheit hat begonnen: Rede anläßlich der Verleihung des Internationalen Antonio-Feltrinelli-Preises für erzählende Prosa am 25. November 1982 in Rom", in *Widerstand lernen* 55.

16. Grass hat den Schreibprozeß auch als Beschwörungsprozeß bezeichnet, vgl. *Über Phantasie* 70-71.

17. Vormweg bezeichnet die *Rättin* als "ein riesiges imaginäres Panorama, eine monumentale Phantasmagorie". Heinrich Vormweg, *Günter Grass* (Reinbeck bei Hamburg: Rowohlt, 1986) 119.

18. "Grass's Doomsday Book: *Die Rättin*", *Critical Essays on Günter Grass* 222.

19. Marcel Reich-Ranicki, "Ein katastrophales Buch: Betriebsstille herrscht und Ultimo ist: Der Roman *Die Rättin* des Günter Grass", *Frankfurter Allgemeine Zeitung* 10 Mai 1986.

20. "Interview mit Günter Grass", *Butzbacher Autoren-Interviews*

3, Hrsg. Hans-Joachim Müller (Darmstadt: Gesellschaft Hessischer Literaturfreunde, 1985) 157.

21. "Literatur und Mythos", *L'80* 19 (1981) 129.

22. *Butzbacher Autoren-Interviews* 3, 151.

23. Günter Grass, Hansjürgen Rosenbauer, Ulrich Wickert, "Trommler und Schnecke: Ein Fernsehgespräch", Westdeutscher Rundfunk, Köln, 2. 5. 1984, *Auskunft für Leser* 46.

24. *Auskunft für Leser* 46.

25. Literatursymposium "Außenseiter" 20.-22. November 1981, *Manuskripte* 80.

26. Auch Heinz Ludwig Arnold hat hervorgehoben, daß Trotz und Selbstbehauptung Grundmotive des Buches sind. "Erzählen gegen den Untergang. Günter Grass: *Die Rättin*—Kritik der Kritik", *Deutsches Allgemeines Sonntagsblatt* 16. März 1986.

27. Heinz Ludwig Arnold, "Gespräche mit Günter Grass", *Text und Kritik* 1/1a (1978) 35.

BIBLIOGRAPHIE

ZITIERTE WERKE VON GÜNTER GRASS

Die Rättin. Darmstadt und Neuwied: Luchterhand, 1986.

Kopfgeburten oder Die Deutschen sterben aus. Darmstadt und Neuwied: Luchterhand, 1980.

Das Treffen in Telgte. Darmstadt und Neuwied: Luchterhand, 1979.

Die Blechtrommel. Darmstadt und Neuwied: Luchterhand, 1959.

AUFSÄTZE UND REDEN VON GÜNTER GRASS

Aufsätze zur Literatur. Darmstadt und Neuwied: Luchterhand, 1980.

"Über meinen Lehrer Döblin". *Aufsätze zur Literatur*. 67-91.

Denkzettel: Politische Reden und Aufsätze. Darmstadt und Neuwied: Luchterhand, 1978.

"Nach grober Schätzung". *Denkzettel.* 209-218.

Widerstand lernen: Politische Gegenreden 1980-1983. Darmstadt und Neuwied: Luchterhand, 1984.

"Die Vernichtung der Menschheit hat begonnen: Rede anläßlich der Verleihung des Internationalen Antonio-Feltrinelli-Preises für erzählende Prosa am 25. November 1982 in Rom". *Widerstand lernen.* 52-57.

"Plädoyer für eine Revision des Godesberger Programms". *Widerstand lernen.* 68-83.

"Offener Brief an die Abgeordneten des Deutschen Bundestages". *Widerstand lernen.* 84-90.

"Die Zauberlehrlinge". *Widerstand lernen.* 99-106.

"Literatur und Mythos". *L'80: Zeitschrift für Politik und Literatur* 19 (1981): 127-130.

"Einige Ausblicke vom Platz der Angeschmierten". *Ein Schnäppchen namens DDR: Letzte Reden vorm Glockengeläut.* Frankfurt am Main: Luchterhand, 1990. 18-28.

INTERVIEWS UND GESPRÄCHE MIT GÜNTER GRASS

Arnold, Heinz Ludwig. "Gespräche mit Günter Grass". *Text und Kritik: Zeitschrift für Literatur* 1/1a (1978): 1-39.

Durzak, Manfred. "Geschichte ist absurd. Eine Antwort auf Hegel: Ein Gespräch mit Günter Grass". *Zu Günter Grass: Geschichte auf dem poetischen Prüfstand.* Hrsg. Manfred Durzak. LGW Interpretationen 68. Stuttgart: Klett, 1985. 9-19.

Grass, Günter, Hansjürgen Rosenbauer, Ulrich Wickert. "Trommler und Schnecke: Ein Fernsehgespräch". *Günter Grass: Auskunft für Leser.* Hrsg. Franz Josef Görtz. Darmstadt und Neuwied: Luchterhand, 1984. 31-47.

Grass, Günter, et al. "Die Maßstäbe müssen sich verändern! Ein Gespräch über Schriftsteller und Literatur heute". *L'80* 32 (1984): 36-55.

Grass, Günter, et al. "*L'80*-Gespräch: Sisyphos und der Traum vom Gelingen". *L'80* 35 (1985): 19-39.

Grass, Günter. "Interview". *Butzbacher Autoren-Interviews.* Hrsg. Hans-Joachim Müller. Darmstadt: Gesellschaft Hessischer Literaturfreunde, 1985. 138-159.

Grass, Günter et al. "Podiumsdiskussion". *Manuskripte: Zeitschrift für Literatur* Sondernummer: Literatursymposium <Außenseiter> (1981): 76-81.

Über Phantasie (Siegfried Lenz: Gespräche mit Heinrich Böll, Günter Grass, Walter Kempowski, Pavel Kohout). Hrsg. Alfred Mensak. Hamburg: Hoffmann und Kampe, 1982. 61-104.

Raddatz, Fritz J. (Hrsg). "Heute lüge ich lieber gedruckt: Gespräch mit Günter Grass". *ZEIT-Gespräche.* Frankfurt am Main: Suhrkamp, 1978. 9-18.

Rudolf, Ekkehart (Hrsg). *Aussage zur Person: 12 deutsche Schrift-steller im Gespräch mit Ekkehart Rudolf.* Tübingen und Basel: Erdmann, 1977. 83-100.

Schneider, Irmela (Hrsg). "Ein Stück persönlicher Literaturge-schichte: Ein Gespräch mit Günter Grass". *Die Rolle des Autors: Analysen und Gespräche.* Literaturwissenschaft—Gesellschafts-wissenschaft 56. Stuttgart: Klett, 1981. 113-122.

Simmerding, Gertrud, und Schmid, Christof (Hrsg). "Wie ein Roman entsteht". *Literarische Werkstatt: Interviews mit Friedrich Dürrenmatt, Tankred Dorst, Peter Zadek, Peter Handke, Hans Erich Nossack, Helmut Heißenbüttel, Günter Grass, Gabrielle Wohmann, Peter Bichsel und Uwe Johnson.* München: Olden-bourg 1972. 63-72.

SEKUNDÄRLITERATUR

Bachtin, Michail. *Probleme der Poetik Dostoevskijs.* Übers. Adelheid Schramm. Frankfurt/M; Berlin; Wien: Ullstein, 1985.

ZU *DIE RÄTTIN*:

Allemann, Urs. "Das Epos vom Ende oder Sozialdemokratisches Erzählen". *Basler Zeitung* 4.März 1986.

Arnold, Heinz Ludwig. "Erzählen gegen den Untergang. Günter Grass: *Die Rättin*—Kritik der Kritik". *Deutsches Allgemeines Sonntagsblatt* 16. März 1986, 25.

---. "Literaturkritik: Hinrichtungs- oder Erkenntnisinstrument". *L'80* 39 (1986): 115-126.

Honsza, Norbert. *Günter Grass: Werk und Wirkung*. Wroclaw: Wydawnictwo Uniwersytetu Wroclawskiego, 1987. 105-136.

Kaiser, Joachim. "In Zukunft nur Ratten noch: Apokalyptischer Traum und Fabulierlust des Günter Grass". *Süddeutsche Zeitung* 1./2. März 1986, 152.

Kniesche, Thomas-Werner. "*Die Rättin*: Günter Grass und die Genealogie der Post-Apokalypse". Dissertation University of California Santa Barbara, 1990.

O'Neill, Patrick. "Grass's Doomsday Book: *Die Rättin*". *Critical Essays on Günter Grass*. Hrsg. Patrick O'Neill. Critical Essays on World Literature. Boston: Hall, 1987. 213-224.

Reich-Ranicki, Marcel. "Ein katastrophales Buch. Betriebsstille herrscht und Ultimo ist: Der Roman *Die Rättin* des Günter Grass". *Frankfurter Allgemeine Zeitung* 10. Mai 1986.

Reitze, Paul F. "Zwerg Oskar, die Grimms und ein Nagetier. Weltuntergang zwischen Buchdeckeln: Günter Grass' neuer Roman". *Rheinischer Merkur/Christ und Welt* 1. März 1986.

Schulze-Reimpell, Werner. "Mit Rattenmenschen ist kein Staat zu machen. Der neue Roman von Günter Grass: Eher ein Zerfließen im Beiläufigen". *Schwäbische Zeitung* 21. März 1986.

Turner Hospital, Janette. "Post Futurum Blues: *The Rat* by Günter Grass". *New York Times Review of Books* 5. Juli 1987.

Vormweg, Heinrich. *Günter Grass*. Rohwolts Monographien. Reinbek bei Hamburg: Rohwolt, 1986.

Zehm, Günter. "Einer träumt vom Großen Blitz. Zurück in die Kaschubei und hinab zu den Ratten—Das neue Buch von Günter Grass". *Die Welt* 1. März 1986.

ZU ANDEREN WERKEN VON GRASS:

Arnold, Armin. "La salade mixte du Chef: Zu *Aus dem Tagebuch einer Schnecke* und *Kopfgeburten oder Die Deutschen sterben aus*". *Zu Günter Grass: Geschichte auf dem poetischen Prüfstand.* Hrsg. Manfred Durzak. LGW Interpretationen 68. Stuttgart: Klett, 1985. 130-141.

Böschenstein, Bernhard. "Günter Grass als Nachfolger Jean Pauls und Döblins". *Jahrbuch der Jean Paul Gesellschaft* 6. München: Beck, 1971. 86-101.

Brode, Hanspeter. *Günter Grass.* Autorenbücher 17. München: Beck, 1979.

---. "<Daß du nicht enden kannst, das macht dich groß.> Zur erzählerischen Kontinuität im Werk von Günter Grass". *Günter Grass: Auskunft für Leser.* Hrsg. Franz Josef Görtz. Darmstadt und Neuwied: Luchterhand, 1984. 75-94.

Demetz, Peter. "Günter Grass in Search of a Literary Theory". *The Fisherman and His Wife: Günter Grass's* The Flounder *in Critical Perspective.* Hrsg. Siegfried Mews. AMS Studies in Modern Literature 12. New York: AMS Press, 1983. 19-24.

Durzak, Manfred. *Der deutsche Roman der Gegenwart: Entwicklungsvorraussetzungen und Tendenzen; Heinrich Böll, Günter Grass, Uwe Johnson, Christa Wolf, Hermann Kant.* Sprache und Literatur 70. 3., erw. u. veränd. Auflage. Stuttgart, Berlin, Köln, Mainz: Kohlhammer, 1979. 247-327.

---. "Es war einmal: Zur Märchen-Struktur des Erzählens bei Günter Grass". *Zu Günter Grass: Geschichte auf dem poetischen Prüfstand*. Hrsg. Manfred Durzak. LGW Interpretationen 68. Stuttgart: Klett, 1985. 166-177.

Gerstenberg, Renate. *Zur Erzähltechnik von Günter Grass*. Heidelberg: Winter, 1980.

Jurgensen, Manfred. " < Das allzeitig fiktionale Ich. > Günter Grass: *Der Butt*". *Erzählformen des fiktionalen Ich: Beiträge zum deutschen Gegenwartsroman*. Bern, München: Francke, 1980.

Koopmann, Helmut. "Between Stone Age and Present or the Simultaneity of the Nonsimultaneous: The Time Structure". *The Fisherman and His Wife*. Hrsg. Siegfried Mews. New York: AMS Press, 1983. 75-90.

Rohlfs, Jochen. "Erzählen aus unzuverlässiger Sicht: Zur Erzählstruktur bei Günter Grass". *Text und Kritik*. 1/1a (1978): 51-59.

---. "Chaos or Order? Günter Grass's *Kopfgeburten*". *Critical Essays on Günter Grass*. Hrsg. Patrick O'Neill. Boston: Hall, 1987. 196-204.

Wimmer, Ruprecht. "I, Down Through the Ages: Reflections on the Poetics of Günter Grass". *The Fisherman and His Wife*. Hrsg. Siegfried Mews. New York: AMS Press, 1983. 25-38.

Namen- und Sachregister

H

I

J

K